Pralinen und Konfekt REZEPTE

Ich Will -

Die Magie

von

Pralinen und Konfekt

66 REZEPTE ZUM VERLIEBEN

Autor M. Rockit

Inhalt

Grundmasse für Pralinen

Zutaten:

- 195 g Zartbitter-Kuvertüre
- 195 g Vollmilch-Kuvertüre
- 35 g Kokosfett
- 155 g Schlagsahne
- Frischhaltefolie

Schwierigkeit

Zubereitung:

Kuvertüre und Kokosfett grob zerhacken. Sahne erwärmen, Kuvertüre und Kokosfett darin auflösen. Mischung in einen hohen Rührbecher einfüllen und mit Folie bedecken und 2,5 Stunden kühlen. Mischung mit den Schneebesen des Handrührgerätes kurz verrühren

Die Masse in drei Portionen aufteilen

1. Pralinen mit Oreo Keksen

Zutaten:

Für 16 Stück

- 430 g Oreo Kekse
- 90 g Frischkäse
- 90 g Magerquark
- 290 g Weiße Kuvertüre

Zeit:

40 Minuten

(+ 65 Minuten Wartezeit)

Schwierigkeit:

Zubereitung:

Oreo Kekse mit einem Mörser klein mahlen. Frischkäse und Magerquark hinzu geben und alles gut vermischen. Aus der Masse 16 gleichgroße Kugeln formen und 1 Std. im Kühlschrank stellen.

Die Weiße Kuvertüre im Topf erwärmen. Mit einer Pralinengabel die gekühlten Rohpralinen in die Schokolade eintauchen und nochmals für 1Std. in den Kühlschrank zum aushärten stellen. Haltbarkeit: ca 7-9 Tage

Bild gehört nicht zu, Rezept

Bild ist von https://pixabay.com/de/users/juttazeisset-174208/

2. Pralinen mit Kartoffeln

Zutaten:

Für 36 Stück

- 410 g mehlig kochende Kartoffeln
- 90–110 g Mandelblättchen
- 190 g weiße Kuvertüre
- 65 g gemahlene Mandeln ohne Haut
- 3,5 EL Marillenlikör / Aprikosenlikör
- 65–75 g getrocknete Soft Aprikosen
- Backpapier

Zeit:

85 Minuten

Schwierigkeit:

Ernährungsinfo:

36 Stück ca. :

70 kcal

290 kJ

2g Eiweiß

4g Fett

6g Kohlenhydrate

Zubereitung

Kartoffeln säubern und in ausreichend kochendem Wasser ca. 20 Minuten garen. Kartoffeln abschrecken und abkühlen lassen, dann die Schale abziehen. Kartoffeln mittels einer Kartoffelpresse, auf ein mit Backpapier ausgelegtes Backblech drücken, und die Masse gleichmäßig verteilen.

Im gut aufgeheizten Backofen, 2. Einschubleiste von unten (E-Herd: 150 °C/ Umluft: 125 °C) ca. 35–40 Minuten trocknen lassen.

Mandelblättchen Fettfrei in der Pfanne kurz anrösten, sogleich herausnehmen und abkühlen lassen. Kuvertüre grob zerkleinern und im heißen Wasserbad in einer Schale schmelzen. Kuvertüre mit gemahlenen Mandeln und Likör mit einem Löffel unter die Kartoffelmasse vermengen. 30 Minuten in den Kühlschrank stellen.

Mandelblättchen sehr fein hacken. Aprikosen in kleine Stückchen schneiden. Aus der Kartoffelmassen ca. 36 gleich große Kügelchen formen und jeweils ein Stückchen Aprikose in die Mitte der Kugel einarbeiten.

Die Pralinen sogleich in den Mandeln wälzen und für 30 Minuten in den Kühlschrank stellen, danach genießen. Gekühlt halten sich die Pralinen mindestens 3 Tage.

3. Pralinen mit Marzipan, Pflaumen und Portwein

Zutaten:

Für 30 Stück

- 160 g Soft-Pflaumen
- 160 ml Portwein
- 230 g Marzipan-Rohmasse
- Puderzucker
- Kakaopulver

Zeit:

30 Minuten

Schwierigkeit:

Ernährungsinfo:

30 Stück ca.

50 kcal

210 kJ

1g Eiweiß

2g Fett

5g Kohlenhydrate

Zubereitung:

Pflaumen halbieren und mindestens 1 Stunde in Portwein einlegen. Danach die Pflaumen in einem Sieb abtropfen lassen und gut abtupfen.

Die Marzipanmasse zu ca. 30 Kugeln formen, flach auf ein Brett drücken und die Pflaumen damit umhüllen. Mit den Händen glatt formen. Die eine Hälfte der Pralinen mit Puderzucker bestäuben, die andere Hälfte in Kakao wälzen.

Bild gehört nicht zu, Rezept

Bild ist von https://pixabay.com/de/users/dghchocolatier-5671698/

4. Pralinen mit Feigen und Nüssen

Zutaten:

Für 12 Stück:

- 1 EL Cashewkerne
- 1 getrocknete Feige
- 1/3 Pralinen-Grundmasse
- 160–190 g weiße Kuvertüre
- 12 g Kokosfett

Zeit:

35 Minuten

Wartezeit ca. 2 Stunden

Schwierigkeit:

Ernährungsinfo:

12 Pralinen ca.:

120 kcal

500 kJ

2g Eiweiß

8g Fett

11g Kohlenhydrate

Bild gehört nicht zu, Rezept

Bild ist von https://pixabay.com/de/users/OpenClipart-Vectors-30363/

Zubereitung:

Cashewkerne fettfrei in der Pfanne rösten. Sofort abkühlen lassen und dann in kleine Stücke zerhacken. Feige sehr klein schneiden. 10 kleine Feigenstückchen für die Verzierung zur Seite legen. Übrige Feigenstückchen und Cashewkerne mit der Pralinengrundmasse vermengen.

Aus der Masse ca. 12 gleich große Pralinen formen und für 1 Stunde kühl stellen. Weiße Kuvertüre und Kokosfett grob zerhacken und in einer Backschüssel im heißem Wasserbad schmelzen. Die Weiße Kuvertüre etwas abkühlen lassen

Pralinen mit Gabel und Löffel durch die Kuvertüre ziehen, gut abtropfen lassen und auf ein Küchengitter ablegen. Pralinen für 30 Minuten kühl stellen.

Kuvertüre nochmals etwas erwärmen. Die gekühlten Pralinen nochmals durch die Kuvertüre ziehen und auf ein Küchengitter ablegen. Sogleich mit Feigenstückchen verzieren und für 1 Stunde in den Kühlschrank stellen.

5. Pralinen mit Espresso

Zutaten:

Für 10 Stück

- 1/3 Pralinen-Grundmasse
- 1 TL lösliches Espressopulver
- 1,5–2 EL Kakaopulver

Zeit:

11 Minuten

Schwierigkeit:

Ernährungsinfo:

10 Stück ca.: 70 kcal

290 kJ / 1g Eiweiß

5g Fett / 6g Kohlenhydrate

Zubereitung:

Das Espressopulver mit der Pralinenmasse vermengen. Aus der Masse 10 gleich große Pralinen formen und für 1 Stunde in den Kühlschrank stellen. Pralinen im Kakao wälzen und kühl stellen.

Wartezeit: ca. 2 Stunden.

6. Pralinen mit Feta und Frischkäse

Zutaten:

- 3,5 EL geschälte Sesamsaat
- 55 g Vital-Kerne-Mix
- 210 g Fetakäse
- 210 g Doppelrahm-Frischkäse
- 1-1,5 EL Olivenöl
- 6–7 Stiele Basilikum

Zeit:

25 Minuten

Schwierigkeit:

Ernährungsinfo:

150 kcal

630 kJ

7g Eiweiß

13g Fett

2g Kohlenhydrate

Zubereitung:

Die Sesamsaat in einer Pfanne fettfrei anrösten und sogleich herausnehmen. Den Kerne-Mix zerkleinern und den Feta fein würfeln. Frischkäs mit Feta und Olivenöl mischen und mit dem Schneebesen verrühren. Mit

angefeuchteten Händen 40 kleine Pralinen formen.

20 Pralinen in Sesam und 20 Pralinen in Kerne-Mix wenden, bis diese gut bedeckt sind. Basilikum waschen, das Wasser abschütteln, dann die Blättchen von den Stielen zupfen. Die zuvor geformten Pralinen in die Blättchen setzen und auf einem Servierteller anrichten.

7. Pralinen mit Baileys

Zutaten:

Für 40 Stück

- 310 g Zartbitter-Kuvertüre
- 210 g Schlagsahne
- 70 ml irscher Whisky-Sahne-Likör (z. B. Bailey's)
- 210 g Vollmilch-Kuvertüre
- 55 g Zartbitter-Kuvertüre
- Goldperlen
- Alupralinenförmchen
- Einmal Spritzbeutel

Zeit:

60 Minuten

Schwierigkeit:

Ernährungsinfo:

40 Stück ca. 90 kcal

370 kJ / 1g Eiweiß

6g Fett /8g Kohlenhydrate

Zubereitung:

Grundmasse nach Anleitung wie üblich zubereiten. Den Likör untermischen. Das Ganze abkühlen lassen und dabei gelegentlich umrühren. Vollmilch-Kuvertüre zerkleinern und in heißem Wasserbad schmelzen. Dann die Pralinenförmchen mit der geschmolzenen Kuvertüre befüllen. Förmchen 5 Minuten auf einem Küchengitter abkühlen lassen. Förmchen wenden und Schokolade erstarren lassen. Pralinenmasse in Einmal-Spritzbeutel füllen. Leicht wellig in die Förmchen spritzen. Mindestens 4 Stunden kalt stellen. Restliche Kuvertüre nochmals erhitzen, Pralinen mit der welligen Seite nach unten in die Kuvertüre tauchen. Auf einem Küchengitter trocknen lassen. Zartbitter-Kuvertüre zerkleinern und im heißen Wasserbad schmelzen. Einen Einmal-Spritzbeutel damit befüllen und schneckenförmig auf die Pralinen spritzen. Zum Schluss mit Goldperlen verzieren und lange trocknen lassen

Wartezeit: 5-6 Stunden

8. Pralinen aus Schokokuchen

Zutaten:

Für 28 Stück

- 55 g Erdnusscreme
- 125 g Doppelrahmfrischkäse
- 1 EL Puderzucker
- 290 g Zartbitterkuvertüre
- 290 g Schokokuchen (Reste oder gekaufter Schokokuchen)
- 2,5 EL Orangensaft
- 12 g Kokosfett (z.B. Palmin)
- 2,5 EL bunte Zuckerperlen
- Backpapier

Zeit:

75 Minuten

Schwierigkeit:

Ernährungsinfo:

28 Kugeln ca. :

130 kcal

2g Eiweiß

8g Fett

11g Kohlenhydrate

Bild gehört nicht zu, Rezept

Bild ist von https://pixabay.com/de/users/Bru-nO-1161770/

Zubereitung:

Eine Platte mit Backpapier auslegen. Erdnusscreme, Frischkäse und Puderzucker in der Backschüssel verrühren. Mit den Händen ca. 28 kleine und möglichst runde Häufchen formen, auf das Backpapier legen und für 30 Minuten einfrieren.

60 g Kuvertüre grob zerkleinern. Im heißen Wasserbad schmelzen, dann mind. 5 Minuten abkühlen lassen. Schokokuchen klein bröseln und mit flüssiger Kuvertüre und Orangensaft vermengen, bis die Masse gut formbar, aber nicht zu matschig ist.

In ca. 28 Portionen aufteilen. In der Handinnenfläche jeweils zu kleinen runden Plättchen formen. Je 1 gekühlte Frischkäsekugel aus dem Tiefkühlfach nehmen mittig auf einem Kuchenplättchen platzieren.

Mit der Kuchenmasse vorsichtig umhüllen und mit den Händen zu einer Kugel formen. Auf Backpapier legen und schnell wieder in den Kühlschrank stellen. Kuchenbällchen mindestens 1,5 Stunden kühl stellen.

215 g Kuvertüre und das Kokosfett zerhacken. Unter Rühren in einer Schüssel im heißen Wasserbad schmelzen. 25 g Kuvertüre zum späteren Bestreuen sehr fein zerhacken. Die Kuchenbällchen eins nach dem anderen auf eine Gabel legen und die geschmolzene Kuvertüre mit einem Esslöffel darauf träufeln.

Auf einem Küchengitter gut abtropfen lassen. Mit gehackter Kuvertüre und bunten Zuckerkügelchen bestreuen und im Kühlschrank trocknen lassen.

9. Pralinen mit dreierlei Köstlickeit

Zutaten:

Für 42 Stück

- 55 g kandierter Ingwer
- 55 g Zartbitter-Schokolade
- 25 g Cornflakes
- 1 Packung (110 g/ 14 Stück) Schokoladen Hohlformen/ Chocolate After-Dinner Cups
- 65 g Armagnac-Pflaumen
- 130 g Marzipan-Rohmasse
- 1,5 EL Armagnac
- 30 g Pistazienkerne
- 1 Packung (110 g/ 14 Stück) Schokoladen Hohlformen/ Chocolate After-Dinner Cups
- 55 g Zartbitter-Kuvertüre
- 2 kleine Gefrierbeutel
- 130 g Schlagsahne
- 2,5 EL Orangenlikör
- 1/2 TL gemahlener Zimt
- Mess-Sp. gemahlene Gewürznelken
- 1TL abgeriebene Schale von 1 unbehandelten Orange
- 100 g Zartbitter-Schokolade

- 1 Packung (110 g/ 14 Stück) Schokoladen Hohlformen/ Chocolate After-Dinner Cups
- 14 Silberperlen (Gebäck-Schmuck)

Zeit:

75 Minuten

Schwierigkeit:

Ernährungsinfo:

42 Pralinen ca :100 kcal

420 kJ

1g Eiweiß

6g Fett

9g Kohlenhydrate

kcal Pro Pralinensorte:

Crossi-Praline: 330 kJ/ 80 kcal. E: 1 g, F: 4 g, KH: 7 g

Armagnac-Marzipan-Praline: 540 kJ/ 130 kcal. E. 2 g, F: 8 g, KH: 11 g

Zubereitung:

Für die Ingwer-Schokocrossi-Füllung 40 g kandierten Ingwer fein würfeln. Den übrigen Ingwer zum Verzieren in kleine Stücke schneiden. Die Schokolade im heißen Wasserbad schmelzen, Ingwer und Cornflakes untermischen. Mit 2 Teelöffeln in 14 (1 Packung) Schokoladen Hohlformen gleichmäßig verteilen. Mit übrigen Ingwerstücken verzieren. In den Kühlschrank stellen. Für die Armagnac-Marzipan-Füllung die Pflaumen gut abtropfen lassen und danach entsteinen. Marzipan-Rohmasse, Pflaumen und Armagnac im Mixer pürieren. 14 Pistazien halbieren und die Hälften für die Verzierung zur Seite stellen. Übrige Pistazien hacken und unter die Marzipanmasse vermengen. In einen Gefrierbeutel geben und eine kleine Ecke abschneiden. 14 Schokoladen Hohlformen bis ca. 2 mm unter den Rand mit dieser Marzipanmasse befüllen. Kuvertüre im heißen Wasserbad schmelzen, ebenso in einen Gefrierbeutel füllen und eine kleine Ecke abschneiden. Die Schokoladen Hohlformen nun mit der Kuvertüre verschließen. Mit Pistazien verzieren und in die Kühlung stellen. Für die Trüffel-Füllung Sahne, Orangenlikör, Zimt, Nelken und abgeriebene Orangenschale vermengen und kurz aufkochen. Dann neben den heißen Herd stellen. Schokolade zerhacken, hinzufügen und darin schmelzen lassen. Das Ganze in eine Schüssel geben und ca. 2 Stunden in den Kühlschrank stellen. Trüffelmasse mit dem Mixer 1 Minute schaumig aufschlagen. In einen Spritzbeutel mit Sterntülle füllen und in 14 Schokoladen Hohlformen hinein spritzen. Mit jeweils einer Silberperle verzieren und kühl stellen. Fertige Pralinen in Goldmanschetten o. ä. setzen und im Kühlschrank aufbewahren.

Bild gehört nicht zu, Rezept

Bild ist von https://pixabay.com/de/users/OpenClipart-Vectors-30363/

10. Weiße und braune Schoko-Knusper-Pralinen

Zutaten:

- 2 Packungen (à 150 g) weiße Kuvertüre
- 2 Packungen (à 150 g) Zartbitter-Kuvertüre
- 160 g Corn Flakes
- 90 g Mandelsplitter
- Öl

Zeit:

45 Minuten

Schwierigkeit:

Ernährungsinfo:

50 kcal

210 kJ

1g Eiweiß

3g Fett

6g Kohlenhydrate

Zubereitung:.

Weiße und braune Kuvertüre fein zerhacken. Dann beide Kuvertüren getrennt in 2 Schalen im heißen Wasserbad schmelzen, herausnehmen und auskühlen lassen. In der Zwischenzeit: je 80 g Corn Flakes und 45 g Mandeln in einer Backschüssel vermengen. Weiße und Braune Kuvertüre nochmals in der Schale im Wasserbad erhitzen und in je eine Rührschüssel geben, mit der Corn Flakes-Mandel Mischung mischen und mit einem Teelöffel als kleine Häufchen auf ein leicht geöltes Backblech setzen und trocknen lassen. Ergibt ca. 80 Stück. Fertige Pralinen im Kühlschrank aufbewahren.

11. Dominosteine mit Portwein-Pflaumen

Zutaten:

für 80 Stück

- 20 getrocknete Softpflaumen, 110 ml Portwein
- + 200 g Butter
- + 350 g Mehl
- 1 TL Backpulver
- 300 g brauner Zucker
- Salz
- 1/2 Päckchen (7,5 g) Lebkuchengewürz
- 55 g dunkler Zuckerrübensirup
- 130 g heller Sirup
- 2 Eier (Gr. M)
- 620 g Marzipanrohmasse
- Puderzucker
- 720 g Zartbitterkuvertüre
- 30 g weißes Plattenfett (z. B. Palmin)

Zeit:

125 Minuten

Schwierigkeit:

Ernährungsinfo:

80 Stück ca.

150 kcal

2g Eiweiß

8g Fett

17g Kohlenhydrate

Zubereitung:

Am Vortag Pflaumen vierteln und in 110 m Portwein einlegen.

Eine quadratische Springform (24 x 24 cm) fetten und mit Mehl ausstäuben. Ofen vorheizen (E-Herd: 175°C/Umluft: 150°C) und 350 g Mehl, Backpulver, braunen Zucker, 1 Prise Salz und Lebkuchengewürz vermengen.

200 g Butter, dunklen und hellen Sirup in einem Topf erhitzen, bis die Butter schmilzt. Butter-Sirup-Mischung unter ständigem Rühren zur Mehlmischung geben und zu einem glatten Teig verkneten.

Eier einzeln aufschlagen und untermengen.

Teig in die Form geben und die Oberfläche glatt streichen. Im heißen Ofen 35–40 Minuten backen. Herausnehmen und mind. 1 Stunde abkühlen lassen.

Portweinpflaumen sehr gut abtropfen lassen. Marzipan auf einer mit Puderzucker bestreuten Arbeitsplatte ca. 2 mm dünn ausrollen. 80 Kreise (à ca. 5 cm Ø) ausstechen. Die Reste immer wieder neu verkneten, erneut ausrollen und ebenfalls ausstechen, bis 80 Stück erzielt sind.

Auf jeden Kreis 1 Stück Pflaume legen und mit dem Marzipan einwickeln.

Kuchen aus der Backform lösen. Die Oberfläche evtl. mit einem Messer gerade schneiden. Kuchen in ca. 2,5 x 2,5 cm große Stückel schneiden. Kuvertüre und Plattenfett grob hacken und zusammen in einer Schale im heißen Wasserbad schmelzen.

1 kleinen Klecks Kuvertüre auf jeden Teigwürfel geben und je 1 Marzipanpflaume hier drauf setzen. Dominosteine mit der restlichen Kuvertüre überziehen und ausreichend trocknen lassen.

Bild gehört nicht zu, Rezept

Bild ist von https://pixabay.com/de/users/Platus-800570/

12. Pralinen mit Mocca

Zutaten:

für 30 Stück

- 160 g Zartbitter-Kuvertüre
- 110 g Vollmilch-Kuvertüre
- 18 g Kokosfett
- 80 g Schlagsahne
- gehäufter TL lösliches Espressopulver
- 30 Schoko-Moccabohnen
- 4-5 EL Zuckerstreusel (rosa)
- Frischhaltefolie
- Backpapier

Zeit:

30 Minuten

Schwierigkeit:

Ernährungsinfo:

30 Stück ca. :70 kcal

290 kJ

1g Eiweiß

5g Fett

6g Kohlenhydrate

Zubereitung:

Kuvertüre und Kokosfett klein hacken. Sahne leicht erhitzen. Kuvertüre, Kokosfett und Espressopulver hinzugeben und in der Sahne schmelzen lassen. Diese Pralinenmasse in eine Backschüssel geben und mit Folie abdecken. 2-3 Stunden kühl stellen. Masse mit dem Mixer 1/2-1 Minute aufschlagen und kurz ruhen lassen. Mit feuchten Händen ca. 30 kleine Kügelchen rollen, dabei in die Mitte jeweils eine Schoko-Moccabohne einarbeiten. Falls die Masse zu weich ist, noch mal kalt stellen. Pralinen in rosa Zuckerstreuseln wälzen, auf eine Platte setzen und für 2 Stunden in den Kühlschrank stellen.

13. Portweinpflaumen in Marzipan

Zutaten:

für 50 Stück

- 510 g möglichst kleine Softpflaumen
- 6,5 EL roter Portwein
- 610 g Marzipan-Rohmasse
- 80 g Puderzucker
- 410 g weiße Kuvertüre
- 110 g Zartbitter-Kuvertüre
- 60 g Kokosfett
- Puderzucker
- Backpapier
- Einmal-Spritzbeutel
- Holzstäbchen

Zeit:

90 Minuten

Schwierigkeit:

Ernährungsinfo:

50 Stück ca. 140 kcal

580 kJ

2g Eiweiß

7g Fett

15g Kohlenhydrate

Zubereitung:

Softpflaumen mit Portwein begießen. Beides zugedeckt für 2 Stunden ziehen lassen. In der Zwischenzeit Marzipan mit Puderzucker verkneten

Marzipan portionsweise auf einer mit Puderzucker bestäubten Arbeitsplatte sehr dünn (ca. 1-1,5 mm) ausrollen. Mit einem Glas ca. 50 Kreise (ca. 9 cm Ø) ausstechen, dafür übrig gebliebene Marzipanreste immer wieder verkneten, ausrollen und erneut ausstechen. Jede Pflaume in 1 Marzipankreis einwickeln, fest andrücken. Auf Backpapier oder einen Teller setzen. Marzipan sollte mindestens für 2 Stunden etwas antrocknen.

Beide Kuvertüre Sorten getrennt auf einem Brett hacken. Weiße Kuvertüre mit 45 g Kokosfett über einem warmen Wasserbad einschmelzen. Dunkle Kuvertüre mit 15 g Kokosfett ebenso einschmelzen

Alle Marzipanpflaumen nacheinander mit einem Löffel in die weiße Kuvertüre eintauchen. Gut abtropfen lassen und auf Backpapier ablegen. Einen Spritzbeutel mit dunkler Kuvertüre befüllen. Solange die weiße Kuvertüre noch feucht ist, nun dunkle Linien über die weißen Pralinen ziehen. 4-5 Stunden trocknen lassen.

Wartezeit: ca. 4-5 Stunden

14.Whiskey-Pralinen

Zutaten:

für 30 Stück

- 55 g gehackte Haselnusskerne
- 160 g Zartbitter-Kuvertüre
- 110 g Vollmilch-Kuvertüre
- 18 g Kokosfett
- 80 g Schlagsahne
- 4,5 EL irischer Whiskey-Sahne-Likör (z. B. Baileys)
- 1,5-2 EL Back-Kakao
- Blattgold
- Frischhaltefolie
- Backpapier

Zeit:

35 Minuten

Schwierigkeit:

Ernährungsinfo:

30 Stück ca. 70 kcal

290 kJ

1g Eiweiß

5g Fett

5g Kohlenhydrate

Zubereitung:

Haselnüsse in einer Pfanne fettfrei anrösten, herausnehmen und sogleich abkühlen lassen. Kuvertüre und Kokosfett zerhacken. Sahne leicht erhitzen. Kuvertüre, Kokosfett und den Likör zur Sahen zugeben und schmelzen lassen. Pralinenmasse und Haselnüsse vermischen, in eine Backschüssel füllen und mit Folie abdecken. 2,5 bis 3 Stunden in den Kühlschrank stellen. Kakao auf einen flachen Teller geben. Masse mit dem Mixer ca. 1/2-1 Minute gut aufschlagen und kurz ruhen lassen. Mit angefeuchteten Händen ca. 25 kleinen Kügelchen rollen. Wenn die Masse zu weich sein sollte, nochmals in den Kühlschrank stellen. Pralinen im Kakao wälzen. Auf Backpapier setzen und noch mal 2 Stunden kühl stellen. Auf die fertigen Pralinen das Blattgold mit einer Pinzette drapieren. Die Pralinen kühl aufbewahren

4 1/2 Stunden Wartezeit:

15. Rumkugeln mit Pfefferkuchen

Zutaten:

für 8 Stück

- 110 g Zartbitterschokolade
- 80 g Butter
- 510 g Pulsnitzer Pfefferkuchen mit Schokolade
- 160 g Raspel-Schokolade, zartbitter
- 55 g gemahlene Mandeln
- 6,5 EL Rum
- 1/2 Fläschchen Rum-Aroma
- 8 Papier-Backförmchen

Zeit:

35 Minuten

Schwierigkeit:

Ernährungsinfo:

8 Pfefferkuchen-Rumkugeln ca.

490 kcal

2050 kJ

7g Eiweiß

23g Fett

Zubereitung:

Schokolade grob zerhacken und über im sehr warmen Wasserbad schmelzen. Die Butter in einem kleinen Topf schmelzen lassen. Pfefferkuchen mit den Händen zerbröseln. Raspel-Schokolade in eine tiefe Schale geben

Pfefferkuchenbrösel, Mandeln, Rum, Rum-Aroma, flüssige warme Butter und Schokolade in einer Backschüssel gut vermengen. Aus der Masse 8 Kugeln mit angefeuchteten Fingern formen und in der Raspel-Schokolade wenden. Schokolade dabei fest andrücken. Fertige Rumkugeln nach Belieben in Papier-Backförmchen setzen und mindestens für 1 Stunde in den Kühlschrank stellen.

16. Petit Fours in Rosa

Zutaten:

Für 40 Stück

- 4 Eier (Größe M)
- 1230 g Zucker
- 1 Päckchen Vanillin-Zucker
- 80 g Mehl
- 55 g Speisestärke
- 1 gehäufter TL Backpulver
- 5,5 EL Kirsch-Konfitüre
- 2,5 EL Aprikosen-Konfitüre
- 160 g Marzipan-Rohmasse
- 1 1/2 EL + 400 g Puderzucker
- 2 Eiweiß (Größe M)
- rote Lebensmittelfarbe
- 30 g weiße Kuvertüre
- Backpapier
- 1 Gefrierbeutel

Zeit:

105 Minuten

Schwierigkeit:

Ernährungsinfo:

40 Stück ca.

100 kcal

410 kJ

2g Eiweiß

2g Fett / 20g Kohlenhydrate

Zubereitung:

Die Eier trennen. Eiweiß mit 4 EL kaltem Wasser in einer Küchenschüssel steif schlagen, dabei 130 g Zucker und Vanillin-Zucker einstreuen. Mehl, Stärke und Backpulver in einer Backschüssel mischen, darauf sieben und unterheben. Masse auf ein mit Backpapier ausgelegtes Backblech (ca. 32 x 38 cm) gleichmäßig verstreichen und im gut vorgeheizten Backofen (E-Herd: 200 °C/ Umluft: 175 °C) ca. 9 - 10 Minuten backen. Anschließend auf einem Küchengitter stürzen und ca. 30 Minuten auskühlen lassen

Die Biskuitplatte quer in 3 Teile zerteilen. Kirsch-Konfitüre durch ein Sieb streichen, die Hälfte davon auf das erste Biskuitstück streichen. Mit dem nächsten Biskuit belegen, dann die übrige Kirsch-Konfitüre darauf verstreichen und mit dem letzten Biskuit bedecken. Aprikosen-Konfitüre nur leicht erwärmen, ebenso durch ein Sieb streichen und auf der obersten Biskuitplatte verstreichen.

Marzipan und 1 1/2 EL Puderzucker in eine Küchenschüssel geben und mit den Händen gut verkneten. Marzipan zwischen 2 Lagen Backpapier rechteckig (12,5 x 32 cm) ausrollen und auf die oberste Biskuitplatte legen. Für 1 Stunde ins Gefrierfach tun.

Die Kanten mit spitzem Messer gerade abschneiden und in ca. 40 Quadrate (ca. 3 x 3 cm) schneiden und wieder einfrieren

400 g Puderzucker und Eiweiß mit dem Mixer zu einem dicken Guss verrühren. Ca. 4 EL Wasser untermengen, bis der Guss leicht fließfähig ist und mit einigen Tropfen roter Lebensmittelfarbe gut einfärben. Portionsweise je ca. 10 Biskuitwürfel aus dem Gefrierfach holen. Je einen Biskuitwürfel in den Guss tauchen, abtropfen lassen und auf ein Kuchengitter ablegen. Mit den restlichen Biskuitwürfeln ebenso verfahren.

Die Biskuitstücke nach ca. 30 Minuten auf ein mit Backpapier ausgelegtes Backblech setzen und für 2 Stunden trocknen lassen. Kuvertüre grob zerhacken, und im heißen Wasserbad schmelzen, dann ca. 5 Minuten abkühlen lassen. Kuvertüre in einen Gefrierbeutel füllen und eine kleine Ecke des Beutels abschneiden. Petit fours mit verschiedenen Ornamenten verzieren und mindestens 30 Minuten trocknen lassen.

Wartezeit: ca. 4 3/4 Stunden

17. Sesam-Mandel-Crossies

Zutaten:

Für 30 Stück

- 25 g Butter
- 55 g geschälte Sesamsaat
- 110 g Mandelstifte
- 110 g Bananenchips
- 110 g flüssiger Honig
- 55 g getrocknete Cranberrys
- 55 g Zartbitter-Kuvertüre
- Backpapier

Zeit:

25 Minuten

Schwierigkeit:

Ernährungsinfo:

30 Stück ca.

80 kcal

330 kJ

1g Eiweiß

5g Fett

7g Kohlenhydrate

Zubereitung:

Butter in einer Pfanne leicht erhitzen. Sesam und Mandelstifte ca. 3 Minuten anrösten. Bananenchips grob zerhacken. Mit dem Honig und den Cranberrys in die Pfanne dazu geben.

Die Pfannenmasse mit 2 Esslöffeln auf einem mit Backpapier ausgelegten Backblech zu ca. 25 gleich großen Häufchen aufteilen. Ca. 2 Stunden auskühlen lassen.

Kuvertüre hacken und im heißen Wasserbad schmelzen. Crossies mit Kuvertüre beträufeln.

Wartezeit: ca. 2 Stunden

Bild gehört nicht zu, Rezept

Bild ist von https://pixabay.com/de/users/Hans-2/

18. Schoko-Konfekt mit Marshmallows

Zutaten:

Für 15 Stück

- 110 g weiße Marshmallows
- 160 g Macadamia Nusskerne
- 400 g Zartbitter-Kuvertüre
- 210 g schnittfestes Nussnougat
- 120 g Butter
- Frischhaltefolie

Zeit:

30 Minuten

Schwierigkeit:

Ernährungsinfo:

15 Stücke ca.

360 kcal

4g Eiweiß

27g Fett

28g Kohlenhydrate

Zubereitung:

Eine eckige Form (ca. 15 x 25 cm) mit Folie ausschlagen. Die Marshmallows in gleich große Stücke schneiden. Nüsse und Kuvertüre getrennt zerhacken. Nougat und Butter in Würfel zerteilen. Kuvertüre, Nougat und Butter in eine Schüssel geben und unter Rühren im heißen Wasserbad schmelzen.

Nüsse und Marshmallows vorsichtig unterheben. Die Kuvertüre-Nougat-Butter Mischung einfüllen und für 3 Stunden kalt stellen.

Schokolade mithilfe der Frischhaltefolie aus der Form heben und die Folie abziehen. Schokokonfekt in ca. 15 Würfel (ca. 5 x 5 cm) schneiden. Kühl und trocken lagern.

Bild gehört nicht zu, Rezept

Bild ist von https://pixabay.com/de/users/JiaChia-2563003/

19. Pralinen mit Kokosraspel

Zutaten:

Für 30 Stück

- 210 g Zartbitter-Kuvertüre
- 22 g Kokosfett
- 80 g Schlagsahne
- 22 g Butter
- 35 g Amarettini
- 55 g Kokosraspel
- Frischhaltefolie
- Backpapier

Zeit:

65 Minuten

Schwierigkeit:

Ernährungsinfo:

30 Stück ca. :70 kcal

290 kJ

1g Eiweiß

5g Fett

4g Kohlenhydrate

Zubereitung:

Kuvertüre und Kokosfett zerhacken. Sahne im Topf erwärmen. Kuvertüre, Kokosfett und Butter darin schmelzen lassen und in eine Backschüssel füllen. Amarettini fein zerbröseln und unterheben. Pralinenmasse sofort mit Frischhaltefolie abdecken und 2-3 Stunden in den Kühlschrank stellen. Mit dem Mixer kurz aufschlagen. Kokosraspel auf einem tiefen Teller streuen. Mit zwei Teelöffeln die Pralinenmasse abstechen und in den Kokosraspeln wenden. Jede Praline auf Backpapier setzen. Mindestens für 1 Stunde kalt stellen. Später kühl und trocken aufbewahren.

3 Stunden Wartezeit:

Bild gehört nicht zu, Rezept

Bild ist von https://pixabay.com/de/users/AlexanderStein-45237/

20 Pralinen mit Feigen und Nüssen

Zutaten:

Für 12 Stück

- 1 EL Cashewkerne
- 1 getrocknete Feige
- 1/3 Pralinen-Grundmasse
- 170–200 g weiße Kuvertüre
- 12 g Kokosfett

Zeit:

35 Minuten

Schwierigkeit:

Ernährungsinfo:

12 Pralinen ca. 120 kcal

500 kJ

2g Eiweiß

8g Fett

11g Kohlenhydrate

Zubereitung:

Cashewkerne in einer Pfanne fettfrei anrösten und auf einem Teller abkühlen lassen, danach klein hacken. Die Feige klein zerschneiden. 10 kleine Feigenstücke zum Verzieren zur Seite legen. Übrige Feigenstückchen und Cashewkerne unter die Grundmasse heben

Aus dieser Masse ca. 12 Pralinen formen und für 1 Stunde in den Kühlschrank stellen. Weiße Kuvertüre und Kokosfett grob zerhacken und in einer Schüssel im warmen Wasserbad schmelzen. Kuvertüre dann lauwarm abkühlen lassen.

Pralinen mit Hilfe eines Löffels durch die Kuvertüre ziehen, etwas abtropfen lassen und auf ein Kuchengitter setzen. Pralinen ca. 30 Minuten kalt stellen

Kuvertüre nochmals leicht erwärmen. Pralinen noch ein Mal durch die Kuvertüre ziehen und auf ein Kuchengitter setzen. Mit Feigenstückchen verzieren und für 1 Stunde in den Kühlschrank stellen.

Wartezeit: ca. 2 Stunden

21. Erdbeer-Rumkugeln

Zutaten:

für 30 Stück

- 260 g Löffelbiskuit
- 360 g weiße Kuvertüre
- 2,5-3 EL Erdbeer-Konfitüre
- 100 ml Rum
- rosa Zucker und einige Erdbeeren
- 1 Gefrierbeutel

Zeit:

35 Minuten

Schwierigkeit:

Ernährungsinfo:

30 Stück ca.

110 kcal

460 kJ

2g Eiweiß

5g Fett

12g Kohlenhydrate

Zubereitung:

Biskuits in einen Gefrierbeutel geben und mit den Händen zerbröseln. 110 g Kuvertüre hacken und in einer Schüssel im warmen Wasserbad schmelzen. Kuvertüre, Konfitüre, Biskuit und Rum mischen und verkneten. Mit angefeuchteten Händen ca. 30 kleine Kugeln formen und für 1 Stunde in den Kühlschrank stellen. 260 g Kuvertüre grob hacken und in einer Schüssel im warmen Wasserbad schmelzen lassen. Pralinen mit Hilfe eines Löffels durch die Kuvertüre ziehen und etwas abtropfen lassen und auf ein Gitter legen. Pralinen ca. 1 Stunde kühl stellen. Vor dem Servieren mit rosa Zucker verzieren.

2 Stunden Wartezeit:

Bild gehört nicht zu, Rezept

Bild ist von https://pixabay.com/de/users/Soorelis-512893/

22. Himbeer-Schoko-Pralinen

Zutaten:

- 160 g Vollmilch-Kuvertüre
- 110 g weiße Schokolade
- 130 g Schlagsahne
- 25 g Honig
- 65 g weiche Butter
- 4 EL Himbeergeist
- 110 g Zartbitter-Kuvertüre
- 2,5-3 EL Zucker
- Zuckerperlen
- Alufolie

Zeit:

65 Minuten

Schwierigkeit:

Ernährungsinfo:

90 kcal

370 kJ

Zubereitung:

Die Kuvertüre und die Schokolade zerhacken. Schlagsahne und Honig kurz aufköcheln, Kuvertüre und Schokolade dazufügen und unter Rühren schmelzen lassen. Die Masse in eine Backschüssel füllen und im Kühlschrank ca. 2 Stunden vollständig erkalten lassen.

Weiche Butter und Himbeergeist zufügen und mit dem Mixer verrühren. Ein Tablett mit Alufolie auslegen und mit Zucker gleichmäßig bestreuen. Die Pralinenmasse in einen Spritzbeutel mit mittelgroßer sternförmiger Tülle füllen und 35 Tupfen (ca. 3 cm Ø) auf die Folie spritzen.

Dann mindestens 30 Minuten kalt stellen. Kuvertüre im heißen Wasserbad schmelzen. Die Pralinen mit einer Gabel ca. 1/2 cm tief in die Kuvertüre hineintauchen. Die Pralinen wieder auf die Folie setzen.

Nach Belieben mit Zuckerperlen verzieren. Zum Trocknen kühl stellen.

Bild gehort nicht zu, Rezept

Bild ist von https://pixabay.com/de/users/Soorelis-512893/

23. Zartbittere Kugeln mit Pistazien

Zutaten:

Für 63 Stück

- 310 g Marzipan-Rohmasse
- 160 ml Grand-Marnier-Likör
- 55 g gemahlene Mandeln
- 1 Palette Zartbitter-Hohlkugeln (63 Stück)
- 55 g Zartbitter-Kuvertüre
- 160 g weiße Kuvertüre
- Pistazien
- Gefrierbeutel

Zeit:

55 Minuten

Schwierigkeit:

Ernährungsinfo:

63 Stück ca.

60 kcal

250 kJ

Zubereitung:

Marzipan-Rohmasse, Grand-Marnier und gemahlene Pistazien vermengen. In einen Spritzbeutel mit Tülle füllen und komplett in die Hohlkugeln spritzen. Zartbitter-Kuvertüre im heißen Wasserbad schmelzen lassen und dann in einen Plastikbeutel füllen. Dann eine Ecke abschneiden und die Kugelöffnungen zuspritzen.

Die Kugeln fest werden lassen. Kugeln mit der Öffnung nach oben auf ein Kuchengitter legen. Weiße Kuvertüre ebenfalls im heißen Wasserbad schmelzen. Dann in einen Gefrierbeutel füllen und eine Ecke abschneiden. Die Kugeln anschließend verzieren.

Pistazien der Länge nach halbieren und je eine Hälfte auf die Pralinen setzen.

24. Konfekt mit Aprikosen und Walnuss

Zutaten:

Für 17 Stück

- 150 g getrocknete Soft-Aprikosen
- 130 g Walnusskerne
- 2 EL Rum
- 160-175 g Zartbitter-Kuvertüre
- Backpapier

Zeit:

50 Minuten

Schwierigkeit:

Ernährungsinfo:

17 Pralinen ca.

100 kcal

420 kJ

2g Eiweiß

7g Fett

8g Kohlenhydrate

Zubereitung:

Aprikosen in feine Würfel zerschneiden. Walnüsse zerkleinern und grob mahlen. Aprikosen, Walnüsse und Rum vermengen und zu 16-18 Kugeln formen. Kuvertüre grob hacken und im heißen Wasserbad schmelzen. Kuvertüre etwas abkühlen lassen. Kugeln in die noch flüssige Kuvertüre tauchen, abtropfen lassen und auf ein Backpapier legen. Restliche Aprikosen in feine Stückchen schneiden und das feuchte Konfekt damit verzieren. Im Kühlschrank trocknen lassen. In kleine Papierback-Förmchen setzen.

Bild gehört nicht zu diesem Rezept

Bild ist von https://pixabay.com/de/users/Einladung_zum_Essen-3625323/

25. Marzipan-Amarena-Pralinen

Zutaten:

für 56 Stück

- 56 Amarena Kirschen aus dem Glas (2 Gläser à 240 g Füllmenge)
- 160 g Marzipan Rohmasse
- 1 Palette (56 Stück à 3 g Zartbitter Sternen Halbschalen)
- 80 g Zartbitter-Kuvertüre
- 28 rote Belegkirschen
- 56 Pistazienkerne
- Papier-Pralinen-Manschetten

Zeit:

45 Minuten

Schwierigkeit:

Ernährungsinfo:

56 Stück ca.

50 kcal

210 kJ

1g Eiweiß

3g Fett

6g Kohlenhydrate

Zubereitung:

Kirschen mittels Siebs gut abtropfen lassen und den Saft in einer Schüssel auffangen. Marzipan und 5 Esslöffel Saft mit dem Mixer zu einer cremigen Masse verrühren. Je eine Kirsche in eine Sternenhalbschale legen und diese etwas andrücken. Marzipanmasse in einen Spritzbeutel mit Tülle befüllen und die Masse in die Schalen spritzen. Oberfläche der Sterne mit einem Messer glatt streichen. Kuvertüre im heißen Wasserbad schmelzen und über die gefüllten Sterne glatt streichen, um die Sterne zu verschließen. Kuvertüre etwas trocknen lassen. Inzwischen die Belegkirschen halbieren. Pistazien der Länge nach halbieren. Sterne vorsichtig aus der Kunststoff-Palette heben und mit Belegkirschen und Pistazien nach Belieben verzieren.

26 Champagner-Trüffel

Zutaten:

für 27 Stück

- 320 g weiße Kuvertüre
- 55 g Schlagsahne
- 50 ml Champagner oder Sekt
- 55 g Kokosfett
- 50 g Butter
- 2-3 EL Zucker
- 1 kleiner Gefrierbeutel

Zeit:

50 Minuten

Schwierigkeit:

Ernährungsinfo:

27 Stück ca.

120 kcal

500 kJ

1g Eiweiß

9g Fett

9g Kohlenhydrate

Zubereitung:

Kuvertüre hacken und im heißen Wasserbad schmelzen. Sahne und Sekt leicht erwärmen. Topf von der Herdplatte stellen. Kokosfett und Butter zufügen und darin unter rühren schmelzen. 2 Esslöffel Kuvertüre für später zurückbehalten. Restliche Kuvertüre in die Sekt-Sahne-Mischung einrühren. In einen hohen Küchenbecher umfüllen und für 2 Stunden in den Kühlschrank stellen. Anschließend mit dem Mixer kurz aufschlagen. Mit den Händen zu gleich großen Kugeln formen und in Zucker wenden. Übrige Kuvertüre nochmals erwärmen und in einen Gefrierbeutel füllen. Eine kleine Ecke abschneiden und die Pralinen dann verzieren

Wartezeit: ca. 2 Stunden.

27. Chili-Pralinen

Zutaten:

für 50 Stück

- 1 EL (10 ml) Rum
- 1,5-2 Messerspitzen Chilipulver
- 760 g Zartbitter-Kuvertüre
- 210 g Vollmilch-Kuvertüre
- 330 g Schlagsahne
- 25 g Butter
- 55 g weiße Kuvertüre
- getrocknete Chiliringe
- Alufolie
- Pergamentpapier

Zeit:

125 Minuten

Schwierigkeit:

Ernährungsinfo:

50 Stück ca.:

130 kcal

540 kJ

1g Eiweiß

9g Fett

10g Kohlenhydrate

Zubereitung:

Rum und Chili verrühren. Je 200 g Zartbitter- und Vollmilch-Kuvertüre sehr fein hacken. Sahne und Butter kurz aufkochen, vom Herd stellen. Chili-Mischung und Kuvertüre in die Sahne geben, verrühren und schmelzen lassen.

Pergamentpapier auf ein Blech legen. 2 Schienen aus Alufolie falten und ein Rechteck (ca. 10 x 20 cm) abgrenzen. Creme hineingießen und mit einem Teigschaber glatt streichen. Zugedeckt über Nacht in den Kühlschrank stellen.

50 g Zartbitter-Kuvertüre in einer Schale im heißen Wasserbad schmelzen. Die Chili-Platte dünn mit Kuvertüre bestreichen (das ist der "Fuß" für die Pralinen) und wieder 1 Stunde kühl stellen.

Chili-Platte mithilfe eines Kuchengitters umdrehen. In 50 Würfel (ca. 2 x 2 cm) schneiden. 500 g Zartbitter-Kuvertüre im warmen Wasserbad schmelzen lassen. Die Würfel mit einer Pralinengabel hinein tauchen. Kurz abtropfen lassen und auf Backpapier setzen und trocknen lassen.

50 g weiße Kuvertüre im heißen Wasserbad schmelzen und in eine Spritztülle einfüllen. Pralinen nach Belieben mit Kringeln oder Tupfen verzieren. Mit Chiliringen verzieren und trocknen lassen. Kühl stellen.

Wartezeit: ca. 14 Stunden

Bild gehört nicht zu, Rezept

Bild ist von https://pixabay.com/de/users/juergen_s-6938697/

28. Havanna-Pralinen

Zutaten:

Für 45 Stück

- 50 g + 2 TL brauner Zucker
- Mark von 1/8 Vanilleschote
- 160 g + 2 EL Mandelblättchen
- 210 g Zartbitter-Kuvertüre
- 210 g Marzipan-Rohmasse
- 2,5 EL brauner Rum
- 410 g Vollmilch-Kuvertüre
- Pergamentpapier

Zeit:

125 Minuten

Schwierigkeit:

Ernährungsinfo:

45 Stück ca.

110 kcal

460 kJ

2g Eiweiß

7g Fett

9g Kohlenhydrate

Zubereitung:

50 g Zucker und 50 ml Wasser in einer Pfanne aufkochen und so lange rühren, bis sich der Zucker sich vollständig aufgelöst hat. Vanillemark und 160 g Mandelblättchen dazu geben, alles vermengen und unter Rühren goldfarben rösten. Auf einem Teller abkühlen lassen.

Zartbitter-Kuvertüre im heißen Wasserbad schmelzen. Mandeln zugeben, alles mischen und auf Pergamentpapier streichen. Dann eine Lage Pergamentpapier hier drauflegen. Die Mandel-Schoko-Masse ca. 1 cm dick zum Rechteck ausrollen. Für 2 Stunden in den Kühlschrank stellen.

Marzipan und Rum mit leicht angefeuchteten Händen zu einer glatten Masse vermengen. Das Pergamentpapier vom Mandel-Schoko-Boden abziehen. Marzipan auf dem Boden verteilen und mit einem Holzlöffel leicht andrücken. Eine Lage Pergamentpapier wieder darauf legen und das Marzipan ca. 3 mm dick bis zum Rand ausrollen. Das obere Pergamentpapier abziehen.

Die Konfektplatte erst längs in ca. 2,5 cm breite Streifen schneiden und dann diagonal in ebenso dicke Streifen schneiden. So entstehen kleine Rauten.

Vollmilch-Kuvertüre im heißen Wasserbad schmelzen. Rauten mit einer Pralinen- Gabel hineintauchen. Gut abtropfen lassen und auf Pergamentpapier setzen und leicht antrocknen lassen.

Eine Hälfte der Rauten mit Zucker bestreuen, die andere Hälfte mit Mandelblättchen verzieren. Pralinen trocknen lassen und kühl stellen.

Halten kühl und trocken gelagert bis zu 2 Wochen.

Wartezeit: ca. 3 1/2 Stunden

29. Nuss-Nougat-Pralinen

Zutaten:

für 63 Stück

- 160 g Schlagsahne
- 130 g schnittfeste Nuss-Nougat-Masse
- 55-60 g gehackte Haselnüsse
- 1 Lage Vollmilch Hohlkugeln mit Waffelboden (63 Stück/á 5 g)
- ca.10 Pistazienkerne
- 130 g Zartbitter Kuvertüre
- 15 g Kokosfett
- 15 Haselnusskerne ohne Haut
- 15 Mandelkerne ohne Haut
- 20 Pinienkerne
- 1 EL gemahlene Pistazienkerne
- Backpapier

Zeit:

65 Minuten

Schwierigkeit:

Ernährungsinfo:

63 Kugeln ca.

70 kcal

290 kJ

1g Eiweiß

5g Fett

5g Kohlenhydrate

Zubereitung:

Sahne leicht erhitzen und vom Herd nehmen. Nuss-Nougat vorher in kleine Stücke schneiden und unter Rühren in der heißen Sahne schmelzen. In eine Backschüssel füllen, abkühlen lassen und 3 Stunden in den Kühlschrank stellen. Gehackte Haselnüsse in einer Pfanne fettfrei anrösten, sofort herausnehmen und auf einem Teller auskühlen lassen. Gekühlte Nougat-Sahne-Masse mit dem Mixer ca. 1 Minute cremig aufschlagen. Geröstete Haselnüsse untermengen. Masse in einen Spritzbeutel mit Tülle füllen. Nougat-Nuss-Trüffelcreme bis zum Rand in die Pralinen-Hohlformen spritzen und für 1 Stunde kühl stellen. Pistazienkerne halbieren. Kuvertüre und Kokosfett grob zerhacken und im heißen Wasserbad schmelzen. Etwas abkühlen lassen. Kugeln kopfüber in die Kuvertüre tauchen und auf ein mit Backpapier ausgelegtes Backblech legen. Kugeln sofort unterschiedlich mit jeweils einer ganzen Haselnuss oder Mandel, halbierten Pistazien oder Pinienkernen dekorieren und trocknen lassen. Halten kühl und trocken gelagert bis zu 14 Tagen.

Wartezeit: ca. 4 Stunden.

Bild gehört nicht zu, Rezept

Bild ist von https://pixabay.com/de/users/AlexanderStein-45237/

30. Weihnachts-Rumkugeln

Zutaten:

Für 25 Stück

- 1 EL gehackte Mandeln
- 210 g Zartbitter-Schokolade
- 260 g Honigkuchen (brauner Lebkuchen)
- 7 EL (70 ml) Rum
- 3 EL Schokoladenstreusel
- 1 frisches Eiweiß
- 2,5 EL Kokosraspel
- 1 EL bunte Zuckerperlen
- 25 Pralinen-Manschetten

Zeit:

50 Minuten

Schwierigkeit:

Ernährungsinfo:

25 Stück ca.:

100 kcal

420 kJ

1g Eiweiß

5g Fett

11g Kohlenhydrate

Zubereitung:

Mandeln fettfrei kurz in der Pfanne rösten. Auf einem Teller abkühlen lassen. Schokolade in Stücke zerhacken und im heißen Wasserbad schmelzen. Honigkuchen von Hand fein zerbröseln. Mit der flüssigen Schokolade und dem Rum gut vermengen. 25 gleichmäßige Kugeln daraus formen

Geröstete Mandeln und 1,5 EL Schokostreusel in einer Schale vermischen. Eiweiß verquirlen und die Kugeln damit bestreichen. Nach Belieben in Schoko-Mandelmischung, Schokostreuseln, Kokos und Zuckerperlen wälzen. In Pralinen-Manschetten setzen. Im Kühlschrank lagern.

31. Trüffel-Baileys-Tüten

Zutaten:

für 50 Stück

- 30 g + 100 g Vollmilch-Schokolade
- 100 g Zartbitter-Schokolade
- 210 g Schlagsahne
- 55 g Walnusskerne
- 2,5 EL (30 g) flüssiger Honig
- 2 EL Baileys-Likör
- 50 Pralinen-Spritztüten aus Aluminium, farbig sortiert

Zeit:

55 Minuten

Schwierigkeit:

Ernährungsinfo:

50 Stück ca.

50 kcal

210 kJ

1g Eiweiß

3g Fett

3g Kohlenhydrate

Zubereitung:

30 g Vollmilch-Schokolade mit einem Kartoffelschäler in Röllchen abhobeln. Zartbitter- und 100 g Vollmilch-Schokolade in Stücke zerhacken. Sahne kurz aufkochen, vom Herd stellen, Schokostückchen darin unter Rühren auflösen. Auskühlen lassen. Zugedeckt für. 2 Std. in den Kühlschrank stellen

Nüsse sehr fein hacken (so wie fast gemahlen). Schokosahne cremig schlagen. Honig, Likör und gehackte Nüsse, bis auf 3 TL, untermischen. Einen Spritzbeutel mit Tülle befüllen und in die Pralinen-Tütchen bis zum Rand spritzen. Mit Schokoröllchen und Nüssen dekorieren. Mind. 1 Stunde kalt stellen

32. Cappuccino-Tässchen

Zutaten:

für 27 Stück

- 85 g Vollmilch-Kuvertüre
- 85 g weiche Butter
- 25 g Plattenfett (z. B. Palmin)
- 35 g Puderzucker
- 1 gestrichener TL Espressopulver (Instant)
- Kakao
- 27 Pralinen-Tassen

Zeit:

55 Minuten

Schwierigkeit:

Zubereitung:

Kuvertüre zerhacken, im heißen Wasserbad schmelzen. 17 Minuten abkühlen

Butter, zimmerwarmes Plattenfett und Puderzucker 7 Minuten verrühren. Espressopulver kurz untermischen. Kuvertüre unterrühren.

Creme in einen Spritzbeutel mit mittelgroßer Lochtülle einfüllen, dann in die Tässchen hineinspritzen. 2,5 Stunden kühlen. Mit Kakao einstäuben

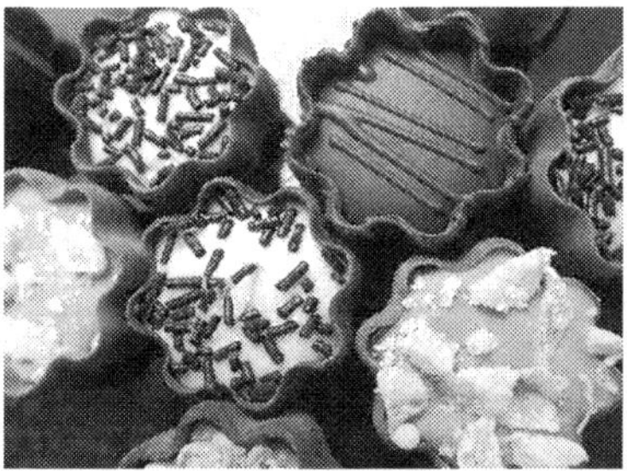

Bild gehört nicht zu. Rezept

Bild ist von https://pixabay.com/de/users/freshideas-1508570/

33. Verzauberte Trüffelspitzen

Zutaten:

Für 40 Stück

- 300 g + 500 g Edel-Kuvertüre
- 500 g Schlagsahne
- 1 kg Marzipan-Rohmasse
- 200 g Puderzucker
- 4 leicht geh. EL Kakao
- 40 Amarena-Kirschen (kandiert in Sirup; 250-g-Glas)
- 2 EL Öl
- Blattgold

Zeit:

130 Minuten

Schwierigkeit:

Ernährungsinfo:

20 Stück ca. :

280 kcal

1170 kJ

4g Eiweiß

19g Fett

22g Kohlenhydrate

Zubereitung:

Kuvertüre grob hacken. Sahne aufkochen, vom Herd ziehen. 300 g Kuvertüre schmelzen. Abkühlen. 3,5 Stunden kalt stellen

Marzipan raspeln. Puderzucker und Kakao vermischen, mit dem Marzipan verkneten. Portionsweise auf Backpapier geben, einen Plastikbeutel auflegen und Mischung ausrollen. 40 Quadrate daraus schneiden

Schokosahne aufschlagen und in einen Spritzbeutel mit großer Lochtülle füllen. In die Mitte der Quadrate aufspritzen und mit 1 Kirsche belegen

Spitzen der Quadrate hochziehen und zu einer kegelförmigen Spitze zusammendrücken. 35 Minuten kühlen.

500 g Kuvertüre mit Öl schmelzen. Pralinen kurz eintauchen, abtropfen und etwas trocknen lassen. Blattgold auf die Spitzen geben. Kühl und trocken lagern (nicht im Kühlschrank).

34. Kürbiskern- und Cashew-Pralinen

Zutaten:

- 600 g Marzipan-Rohmasse
- 155 g Puderzucker
- 4,5 EL irischer Whiskey-Sahne-Likör
- 3 EL lösliches Kaffeepulver
- 155 g Zucker
- 130 g Kürbiskerne
- 1 EL Öl
- 110 g Cashewkerne
- 155 g Vollmilch-Kuvertüre
- 155 g weiße Kuvertüre

Zeit:

80 Minuten

Schwierigkeit:

Ernährungsinfo:

80 kcal

330 kJ

2g Eiweiß

4g Fett

8g Kohlenhydrate

Bild gehört nicht zu, Rezept

Bild ist von https://pixabay.com/de/users/freshideas-1508570/

Zubereitung:

Marzipan, Puderzucker, Likör und gesiebtes Kaffeepulver vermengen. Masse taufeilen. Zucker zerschmelzen.

80 Gramm Kürbiskerne zugeben und karamellisieren. Auf geölte Alufolie aufstreichen und abkühlen lassen. 80 Gramm Cashewkerne zermahlen. Mit der einen Hälfte der Marzipanmasse verkneten und 50 kleine Kugeln rollen.

Übrige Kerne längs halbieren. Karamellisierte Kürbiskerne zermahlen und unter die andere Masse geben. Rollen herstellen und in 50 Pralinen von zwei Zentimetern Länge zerschneiden.

Vollmilch-Kuvertüre und weiße Kuvertüre getrennt im Wasserbad erhitzen. Pralinen mit der Vollmilch Kuvertüre übergießen und einen halben Cashewkern darauflegen. Pralinenstangen mit der weißen Kuvertüre begießen, mit den übrigen Kürbiskernen verzieren.

Pralinen auf einem Kuchengitter antrocknen lassen.

35. Pikante Pfannkuchen-Pralinen

Zutaten:

für 48 Stück

- 250 g Mehl
- 10 Eier (M)
- 1/4 l Milch
- Salz
- Pfeffer
- 100 g junger Blattspinat
- 300 g Salatgurke
- 8 Stiele Thymian
- 200 g Crème fraîche
- 3 TL Zitronensaft
- 200 ml Mineralwasser
- 6 EL grünes Pesto
- 80 g Salami in dünnen Scheiben
- 4 EL Doppelrahm Frischkäse
- 250 g Putenbrust-Aufschnitt
- 48 kleine Papier-Backförmchen

Zeit:

60 Minuten

Schwierigkeit:

Ernährungsinfo:

80 kcal

330 kJ

4g Eiweiß

5g Fett

4g Kohlenhydrate

Zubereitung:

Mehl, Eier und Milch verrühren, würzen, 11 Minuten quellen lassen

Spinat putzen, waschen, trocken schütteln. Gurke waschen, längs halbieren und Kerne herausschneiden, dann in Streifen zerschneiden. Thymian hacken. Crème fraîche mit Salz, Pfeffer, Zitronensaft und Thymian würzen.

Fettpfanne des Backofens mit Backpapier belegen. Mineralwasser in den Pfannkuchenteig einrühren und in die Fettpfanne eingießen. Im vorgeheizten Backofen bei 175 °C 16 Minuten backen. Herausnehmen und abkühlen lassen.

Pfannkuchen längs halbieren. Eine Hälfte mit Pesto einstreichen, Salami und Gurken auflegen und Frischkäse daraufgeben. Pfannkuchen aufrollen

Übrige Pfannkuchen mit Crème fraîche bestreichen, Spinat und Putenbrust daruflegen. Pfannkuchen aufrollen, in je ca. 12 Röllchen zerschneiden und in Backförmchen geben. Mit Oliven und Rauke verzieren.

Bild gehört nicht zu, Rezept

Bild ist von https://pixabay.com/de/users/snd63-2441173/

36. Pralinen-Muffins mit Streuseln

Zutaten:

für 12 Stück

- 80 g Butter
- 410 g Mehl
- 210 g Zucker
- Salz
- 1 Päckchen Bourbon Vanillezucker
- 1 Eigelb (M)
- 2,5 EL Kakaopulver
- 2 geh. TL Backpulver
- 1/2 TL Natron
- 1 Ei (M)
- 75 ml Öl
- 260 ml Milch
- 12 Kugeln Haselnuss-Gebäck
- 12 Papier-Backförmchen

Zeit:

55 Minuten

Schwierigkeit:

Ernährungsinfo:

12 Stück ca.

340 kcal

1420 kJ

6g Eiweiß

16g Fett

44g Kohlenhydrate

Zubereitung:

Butter würfeln. 60 g Mehl, 90 g Zucker, 1 Prise Salz, Vanillezucker, Eigelb und Butter in eine Schüssel füllen, mit den Händen zu Streuseln kneten. 35 Minuten kühl stellen.

250 g Mehl, Kakao, 120 g Zucker, Backpulver und Natron in einer Schüssel vermischen. Ei, Öl und Milch in einen hohen Rührbecher eingeben und mit den Schneebesen des Handrührgerätes rühren. Milch-Mischung mit den Schneebesen des Handrührgerätes dazu rühren. Muffin-Blech mit Backförmchen belegen. Teig einfüllen. Je eine Kugel Haselnuss-Gebäck darauflegen. Streusel daraufgeben. Im vorgeheizten Backofen bei 175 °Cauf auf der mittleren Einschubleiste 21 Minuten backen.

37. Orangen-Trüffel

Zutaten:

für 15 Stück

- 1/2 Bio-Orange
- 1,5 EL Orangenlikör
- 1/3 Pralinen-Grundmasse
- 80 g weiße Kuvertüre
- 30 g Zartbitter-Kuvertüre

Zeit:

45 Minuten

Schwierigkeit:

Ernährungsinfo:

15 Stück ca.

110 kcal

450 kJ

1g Eiweiß

7g Fett

Zubereitung:

Orange abwaschen und trocknen, Schale abreiben. Schale und Likör in die Pralinen-Grundmasse einrühren. Mischung zwischen zwei Lagen Frischhaltefolie ausrollen. 70 Min. kalt stellen. Kuvertüre getrennt zerhacken und im warmen Wasserbad schmelzen. Dunkle Kuvertüre in einen Gefrierbeutel einfüllen, eine Ecke abschneiden. Teig in Stücke zerschneiden. Pralinen in die weiße Kuvertüre eintauchen und auf ein Pralinengitter aufsetzen. Mit dunkler Kuvertüre verzieren. 40 Minuten kalt stellen

38. Orangen-Tütchen

Zutaten:

Für 25 Stück

- 140 g Zartbitter-Kuvertüre
- 140 g Schlagsahne
- 1,5 EL Orangenlikör
- 1 Päckchen Feine Orangenfrucht
- 1,5 EL gehackte Pistazienkerne
- 25 Metalltütchen für Pralinen

Zeit:

50 Minuten

Schwierigkeit:

Ernährungsinfo:

60 kcal

250 kJ

4g Fett

3g Kohlenhydrate

Zubereitung:

Kuvertüre zerhacken und in der Sahne erwärmen und schmelzen. Likör und Orangenfrucht einrühren. Acht Stunden in den Kühlschrank stellen. Dann mit den Schneebesen des Handrührgerätes aufschlagen und in einen Spritzbeutel mit kleiner Sterntülle einfüllen, dann in kleine Metalltütchen einspritzen. Mit gehackten Pistazien verzieren.

Bild gehört nicht zu, Rezept

Bild ist von https://pixabay.com/de/users/beatrize-1126226/

39. Kokos-Trüffel

Zutaten:

für 12 Stück

- 660 g weiße Kuvertüre
- 80 g Schlagsahne
- 25 g Butter
- 200 ml Kokosmilch ungesüßt
- 140 ml Kokoslikör
- 2 Paletten Zartbitter Hohlkugeln
- 500 g Zartbitter-Kuvertüre
- 30 g Vollmilch-Kuvertüre
- 30 g Kokoschips

Zeit:

155 Minuten

Schwierigkeit:

Ernährungsinfo:

12 Stück ca.

60 kcal

250 kJ

1g Eiweiß

4g Fett

5g Kohlenhydrate

Zubereitung:

Aus Pergamentpapier 6 Spritztüten formen. Weiße Kuvertüre zerhacken. Sahne, Butter und Kokosmilch aufköcheln. Vom Herd ziehen. Kuvertüre darin zerschmelzen. Kokoslikör einrühren.

Kokosmasse portionsweise in eine Spritztüte einfüllen. Spritze etwas abschneiden. Mischung in die Hohlkugeln einspritzen

Zartbitter-Kuvertüre im Wasserbad zerschmelzen. 3 Esslöffel davon in eine Spritztüte einfüllen. Eine Ecke etwas abschneiden. Öffnungen der Kugeln mit Kuvertüre bedecken. Im Kühlschrank 35 Minuten kalt stellen

Übrige Kuvertüre zerschmelzen. Kugeln eintauchen, abtropfen lassen, auf Pergamentpapier aufsetzen und trocknen lassen.

Bild gehört nicht zu, Rezept

Bild ist von https://pixabay.com/de/users/pixel2013-2364555/

40. Rum-Pralinen

Zutaten:

für 36 Stück

- 500 g Zartbitter-Kuvertüre
- 50 g Kokosfett
- 80 g Schlagsahne
- 25 g Butter
- 3,5 EL gehackte Mandeln
- 200 g Marzipan-Rohmasse
- 2,5 EL brauner Rum
- 2,5 EL gemahlene Mandeln
- 70 g Zucker
- 60 g weiße Kuvertüre
- Puderzucker

Zeit:

95 Minuten

Schwierigkeit:

Ernährungsinfo:

36 Stück ca. 130 kcal

540 kJ

2g Eiweiß

9g Fett

10g Kohlenhydrate

Zubereitung:

200 g Zartbitter-Kuvertüre und 25 g Kokosfett zerhacken. Sahne erwärmen. Kuvertüre, Kokosfett und Butter darin zerschmelzen und in eine Schüssel einfüllen. Gehackte Mandeln anrösten. Marzipan und Mandeln kneten. Auf einer mit Puderzucker eingestäubten Arbeitsfläche ausrollen. Eine rechteckige Backform mit Folie belegen. Marzipanplatte einlegen. Grundmasse mit Rum verrühren. Auf das Marzipan aufgießen. 5 Stunden kühlen. 300 g Zartbitter-Kuvertüre zerhacken, mit 25 g Kokosfett in einem warmen Wasserbad zerschmelzen. Pralinenplatte aus der Form herauslösen und in Würfel zerschneiden. Pralinen in die Kuvertüre eintauchen, abtropfen lassen und auf ein Pralinengitter setzen. Trocknen lassen. Mandeln und Zucker vermischen. Auf einem mit Backpapier ausgelegten Blech verteilen. Im vorgeheizten Backofen bei 200 °C 8 Minuten backen, herausnehmen, kurz abkühlen lassen. Mit einem Glas (12 mm Ø) Kreise ausstechen. Abkühlen lassen. Weiße Kuvertüre zerhacken, in einem warmen Wasserbad schmelzen, in einen Spritzbeutel füllen. Tupfen auf die Pralinen aufspritzen. Krokant darauf geben, antrocknen lassen. Kühl und trocken lagern.

41. Cookie-Pralinen

Zutaten:

Für 25 Stück

- 60 g braunes Schokogebäck
- 200 g Marzipan-Rohmasse
- 1,5 EL Mandellikör
- 60 g gehackte Haselnusskerne
- 60 g Vollmilch-Kuvertüre

Zeit:

30 Minuten

Schwierigkeit:

Ernährungsinfo:

80 kcal

Zubereitung:

Kekse zerhacken. Marzipan mit einem Teelöffel Likör kneten. Kekse zugeben. 25 Kugeln rollen. Im übrigen Mandellikör schwenken. Haselnüsse zerhacken. Kuvertüre reiben.

Haselnüsse und Schokolade vermischen und die Pralinen darin wälzen.

Bild gehört nicht zu diesem Rezept

Bild ist von https://pixabay.com/de/users/ArmanFlint-1587103/

42. Kaffee-Pralinen

Zutaten:

für 30 Stück

- 160 g Zartbitter-Kuvertüre
- 110 g Vollmilch-Kuvertüre
- 16 g Kokosfett
- 80 g Schlagsahne
- 1 gehäufter TL lösliches Espressopulver
- 35 Schoko-Mocca-Bohnen
- 5 EL rosa Zuckerstreusel

Zeit:

30 Minuten

Schwierigkeit:

Ernährungsinfo:

30 Stück ca. 70 kcal

290 kJ

1g Eiweiß

5g Fett

6g Kohlenhydrate

Zubereitung:

Kuvertüre und Kokosfett zerhacken. Sahne erwärmen. Kuvertüre, Kokosfett und Espressopulver hinzugeben und zerschmelzen. Pralinenmasse in eine Backschüssel einfüllen und direkt an der Oberfläche mit Folie bedecken. 3 Stunden kühlstellen. Masse mit den Schneebesen des Handrührgerätes 1 Minute schlagen. 15 Min. ruhen lassen. Mit kühlen Händen 30 Kugeln formen, in die Mitte je eine Schoko-Mocca-Bohne drücken. Pralinen in Zuckerstreuseln wälzen, auf Backpapier geben und 2,5 Stunden kalt stellen. Kühl und trocken lagern.

Bild gehört nicht zu, Rezept

Bild ist von https://pixabay.com/de/users/AlexanderStein-45237/

43. Mokka-Sahne-Pralinen

Zutaten:

für 63 Stück

- 260 g Zartbitter-Kuvertüre
- 160 g Schlagsahne
- 2 geh. EL löslicher Kaffee
- 40 g Butter
- 35 g weißes Plattenfett
- 1 Tube Dekor-Schrift Choco (v. Lindt)
- gehackte Pistazien

Zeit:

50 Minuten

Schwierigkeit:

Ernährungsinfo:

63 Stück ca. :

50 kcal

210 kJ

4g Fett

3g Kohlenhydrate

Zubereitung:

Kuvertüre zerhacken und im heißen Wasserbad zerschmelzen. Sahne und Kaffee aufköcheln, dann vom Herd ziehen. Butter und Plattenfett darin zerschmelzen. Kuvertüre nach und nach unterrühren. 2,5 Stunden abkühlen lassen. Jeweils 1 Tuff in die Schalen einspritzen (gr. Lochtülle). 2 Stunde kühlen.

1/4 l Wasser aufköcheln. 1/4 l kaltes Wasser dazugießen. Schrift-Tube 5 1/2 Minuten einlegen. Pralinen damit garnieren, Pistazien aufstreuen. Kühl lagern.

Bild gehört nicht zu diesem Rezept

Bild ist von https://pixabay.com/de/users/pixel2013-2364555/

44. Schokoladenkuchen-Pralinen

Zutaten:

für 28 Stück

- 60 g Erdnusscreme
- 130 g Doppelrahmfrischkäse
- 1,5 EL Puderzucker
- 300 g Zartbitterkuvertüre
- 320 g Schokokuchen
- 2,5 EL Orangensaft
- 10 g Kokosfett
- 2,5 EL bunte Zuckerperlen

Zeit:

80 Minuten

Schwierigkeit:

Ernährungsinfo:

28 Kugeln ca. 130 kcal

2g Eiweiß

8g Fett

11g Kohlenhydrate

Zubereitung:

Backblech mit Backpapier belegen. Erdnusscreme, Frischkäse und Puderzucker vermischen. 28 runde Häufchen auf das Backpapier geben und 35 Minuten einfrieren.

60 g Kuvertüre zerhacken. Im Wasserbad schmelzen, 6 Minuten abkühlen. Schokokuchen zerkrümeln, mit flüssiger Kuvertüre und Orangensaft kneten.

In 28 Portionen aufteilen. Runde Plättchen formen. Jeweils 1 kalte Frischkäsekugel auf 1 Kuchenplättchen geben.

Je eine Kugel daraus formen. Auf Backpapier setzen und 2 Stunden kühlen.

225 g Kuvertüre und Kokosfett zerhacken, im heißen Wasserbad zerschmelzen. Etwas Kuvertüre zum Bestreuen zerhacken. Pralinenbällchen nacheinander auf eine Gabel auflegen. Kuvertüre darüber träufeln, abtropfen lassen.

Auf Backpapier auflegen. Mit zerhackter Kuvertüre und Zuckerperlen verzieren. Kühl trocknen lassen.

45. Apfel-Marzipan-Kugeln

Zutaten:

80 g Marzipan-Rohmasse

710 g Äpfel

160 g Zucker

Zimt

110 g Löffelbiskuit

110 g gehackte Mandeln

3 EL Mandellikör

110 g gehobelte Mandeln

12 Papier-Backförmchen

Zeit:

30 Minuten

Schwierigkeit:

Ernährungsinfo:

11 Stück ca. :280 kcal

1170 kJ

6g Eiweiß

14g Fett

31g Kohlenhydrate

Zubereitung:

Marzipan reiben. Äpfel abschälen und reiben. Äpfel, Marzipan, Zucker und Zimt unter Rühren 11 Minuten dick einköcheln. Löffelbiskuit in einen Gefrierbeutel füllen und feinbröseln. Brösel, gehackte Mandeln und Likör zur Apfelmasse zugeben und abkühlen lassen. Mischung zu Kugeln formen und in den gehobelten Mandeln wälzen. In Papier-Backförmchen geben.

Bild gehört nicht zu diesem Rezept

Bild ist von https://pixabay.com/de/users/pixel2013-2364555/

46. Trüffel-Armagnac-Sterne

Zutaten:

für 56 Stück

- 160 g Soft-Pflaumen
- 100 ml Armagnac
- 160 g Schlagsahne
- 100 g Zartbitter-Schokolade
- 100 g Marzipan-Rohmasse
- Lage Sterne, Halbschalen, Zartbitter-Schokolade
- 30 g weiße Kuvertüre

Zeit:

55 Minuten

Schwierigkeit:

Ernährungsinfo:

56 Sterne ca. 50 kcal

210 kJ

1g Eiweiß

3g Fett

4g Kohlenhydrate

Zubereitung:

Pflaumen und Armagnac abgedeckt in einem Topf aufköcheln, Herdplatte ausschalten und im abgedeckten Topf abkühlen lassen. Schokolade ´zerhacken. Sahne anwärmen, vom Herd ziehen und die Schokolade darin zerschmelzen. Schokoladensahne 70 Min. auskühlen lassen, zweimal verrühren. Pflaumen pürieren und mit der Marzipan-Rohmasse mischen. Mischung in einen Spritzbeutel mit mittelgroßer Lochtülle geben und die Sterne halb damit befüllen. Wenig antrocknen lassen. Weiße Kuvertüre zerhacken und im Wasserbad schmelzen. Kalte Schokoladensahne in einen kleine Messbecher mit "Gießtülle" füllen und die Sterne damit befüllen. Weiße Kuvertüre in einen Einmal-Spritzbeutel füllen, eine kleine Ecke abschneiden und auf die Sterne Tupfen aufspritzen. Mit einem Holzspießchen Muster formen. 2,5 Stunden kühlen. Kühl und trocken lagern, ca. 14 Tage haltbar.

Bild ist von https://pixabay.com/de/users/aalmeidah-4277022/

47. Sacher-Rumkugeln

Zutaten:

für 16 Stück

- 1–2 Bio Orangen
- 110 g Zucker
- 35–40 g getrocknete Soft Aprikosen
- 230 g Zartbitter-Kuvertüre
- 30 g Butter
- 1 (ca. 180 g) heller Wiener Biskuit Tortenboden
- 2,5–3 EL Rum
- Backpapier

Zeit:

65 Minuten

Schwierigkeit:

Ernährungsinfo:

16 Stück ca.

120 kcal

500 kJ

1g Eiweiß

5g Fett

16g Kohlenhydrate

Zubereitung:

Orangen heiß abwaschen, trocken reiben und die Schale sehr fein raspeln. Orangenschale und Zucker gut vermengen, auf einen großen Teller geben und zur Seite stellen. Aprikosen fein würfeln. 80 g Kuvertüre zerhacken und mit der Butter über im heißen Wasserbad schmelzen. Biskuitboden mit den Händen zerbröseln

Biskuitbrösel, Rum und flüssige Schokoladen-Butter gut vermengen. Mit den Händen zu gleich großen Kugeln formen und in die Mitte der Kugeln einen Aprikosenwürfel drücken. Kugeln für 1 Stunde in den Kühlschrank stellen

150 g Kuvertüre zerhacken und im heißen Wasserbad schmelzen. Rumkugeln in die Kuvertüre eintauchen und auf einem Kuchengitter leicht antrocknen lassen. Die noch leicht feuchten Kugeln dann im Orangen-Zucker-Gemisch wenden und auf Backpapier vollständig trocknen lassen. Danach in eine Dose legen und kühl lagern

Wartezeit: ca. 1 1/4 Stunden

48. Tee-Punsch-Pralinen

Zutaten:

für 60 Stück

- Beutel schwarzer Tee (z. B. Assam)
- 2-3 Gewürznelken
- 1/2 TL gemahlener Zimt
- 1 Stück unbehandelte Zitronenschale
- 1 Stück unbehandelte Orangenschale
- 590 g Vollmilch-Kuvertüre
- 110 g Schlagsahne
- 2-3 EL Rum
- 110 g Kokosfett
- 110 g Butter
- 300 g Zartbitter-Kuvertüre
- 130 g Puderzucker
- 85-100 g Kakao
- 50 Pralinenmanschetten
- Frischhaltefolie
- Öl

Zeit:

95 Minuten

Schwierigkeit:

Ernährungsinfo:

60 Stück ca.

140 kcal

580 kJ / 1g Eiweiß

10g Fett / 10g Kohlenhydrate

Zubereitung:

Teebeutel, Nelken, Zimt, Zitronen- und Orangenschale in eine Schüssel geben. Mit 100 ml heißem Wasser überbrühen und ca. 5 Minuten ziehen lassen. Vollmilch-Kuvertüre grob zerhacken und im heißen Wasserbad schmelzen lassen Tee abgießen und mit der Sahne und dem Rum erwärmen. Dabei nicht zum kochen bringen. Vom Herd nehmen und Kokosfett und Butter darin schmelzen. Die flüssige Kuvertüre in die lauwarme Masse einrühren und mit einem Schneebesen verrühren, bis eine gleichmäßige Masse entstanden ist. Eine rechteckige Form (ca. 30x20 cm) mit Frischhaltefolie auslegen, die Trüffelmasse hier hinein geben und oben glatt streichen. Trüffelmasse abkühlen lassen, mit Folie bedecken und für 1 Tag im Kühlschrank fest werden lassen. Trüffelmasse aus der Form auf ein Brett stürzen und die Folie abziehen. Trüffelmasse in 50 gleich große Stücke zerschneiden. Mit den Händen zu Pralinenkugeln formen und auf eine geölte Platte legen. Nochmals für 1 Stunde in den Kühlschrank stellen. Inzwischen Zartbitter-Kuvertüre fein zerhacken und im heißen Wasserbad schmelzen lassen. Erst abkühlen lassen, dann erneut kurz erwärmen. Puderzucker und Kakao jeweils in eine Schale geben. Trüffelkugeln mit einer Pralinengabel kurz in die flüssige Kuvertüre tauchen und abtropfen lassen. Sofort in Puderzucker oder im Kakao wälzen. Fertige Trüffel nochmals kurz kalt stellen, dann in Pralinenmanschetten setzen oder in Glastütchen verpacken. Im Kühlschrank halten die Trüffel einige Tage.

Bild gehört nicht zu diesem Rezept

Bild ist von https://pixabay.com/de/users/ArmanFlint-1587103/

49. Trüffel mit Limette-Guave

Zutaten:

für ca. 35 Stück

- 2 Vollreife Guaven (ersatzweise 100 g TK Guavenmark; Spezialversand)
- etwa 30 g Zucker
- 260 g weiße Kuvertüre
- 1-2 Limetten
- 75 g weiche Butter
- 400 g weiße Kuvertüre
- 190 g Puderzucker zum Wälzen
- Spritzbeutel mit 12-mm-Lochtülle
- Thermometer

Zeit:

95 min

Schwierigkeit:

Zubereitung:

Die Guaven schälen, entkernen und das Fruchtfleisch in kleine Würfel schneiden und wiegen. 10 % des Gewichts notieren und in Zucker abwiegen. Diese Menge Zucker unter die Guavenwürfel mischen und zugedeckt 1-2 Std. Saft ziehen lassen.

Dann mit dem Mixer pürieren und durch ein feines Sieb passieren. Die weiße Kuvertüre zerhacken. Die Limetten auspressen und 20 ml Saft zur Seite stellen.

Vom Guavenmark 100 g abwiegen, den Rest einfrieren und anderweitig verwenden. Guavenmark aufköcheln, vom Herd nehmen, Limettensaft einrühren und die weiße Kuvertüre ebenso hinzugeben. Unter Rühren schmelzen und dann abkühlen lassen.

Die Masse in eine Schüssel füllen, mit Folie abdecken und über Nacht fest werden lassen. Tags darauf die Trüffelmasse in 35 gleich große Stücke schneiden und mit den Händen zu Pralinenkugeln formen. Danach wieder kühl stellen.

50. Tee-Pralinen

Zutaten:

für 63 Einheiten

Formen und Füllung

- 210 g Vollmilchkuvertüre,
- 400 ml Schlagsahne
- 5-6 Teebeutel Earl Grey,
- 1 Palette Zartbitter-Pralinen-Hohlformen,
- (63 Stück à 25,5 mm Ø; z. B. online erhältlich)
- Überzug und Garnierung:
- 400 g dunkle Kuvertüre,
- (ca. 60% Kakao)
- 1 Teebeutel Earl Grey,
- 1 Blatt Blattgold,
- (22 Karat; z. B. online erhältlich)

Zeit:

Arbeitszeit:: 65 Min.

plus Kühlzeit: ca. 2:40 Stunden

Schwierigkeit:

Nährwert:

Pro Einheit 83 kcal

Kohlenhydrate: 6 g

Eiweiß: 1 g

Fett: 6 g

Zubereitung:

Kuvertüre fein hacken und im heißen Wasserbad schmelzen. Sahne aufköcheln, Teebeutel darin 5 Minuten ziehen lassen. Teebeutel gut mit einem Löffel ausdrücken. Sahne erneut erhitzen (nicht aufkochen!) und zusammen mit der Kuvertüre mit einem Schneebesen vermischen. Im Kühlschrank ca. 1 Stunde abkühlen lassen, dabei aber nicht fest werden lassen.

Die Mischung in einen Einwegspritzbeutel füllen. Vom Beutel eine kleine Spitze abschneiden und die Masse in die Hohlformen so spritzen, dass oben ein kleiner, ca. 1 mm dünner Rand freibleibt. Pralinen für 1 Stunde in den Kühlschrank stellen.

Zum Verschließen die Kuvertüre erwärmen. Etwas Kuvertüre in einen Spritzbeutel füllen und eine kleine Spitze vom Beutel abschneiden. Die Pralinenöffnungen mit der Kuvertüre verschließen, erneut 5 Minuten kalt stellen. Dann 30 Minuten bei Zimmertemperatur stehen lassen, bevor die Pralinen überzogen werden.

Restliche Kuvertüre erneut unter Rühren im heißen Wasserbad auf ca. 32 Grad erwärmen. Pralinen mit einer Pralinengabel in die Kuvertüre eintauchen und überschüssige Kuvertüre am Tellerrand abstreifen. Pralinen auf Küchengitter setzen. Tee aus dem Beutel lösen und auf einen Teller geben. 1/3 der Pralinen mit wenig Schwarztee bestreuen. 1/3 der Pralinen mit einem kleinen Pinsel mit Blattgold dekorieren. Restliche Pralinen mit der Gabel leicht über das Kuchengitter rollen, sodass die Kuvertüre eine Zackenstruktur bekommt. Kuvertüre dann fest werden lassen. Die Pralinen halten in einer ausgelegten Metalldose an einem kühlen Ort gut 2-3 Wochen.

51. Chili-Orangen-Pralinen

Zutaten:

Für 20 Stücke

- 240 g Kuvertüre
- ½ Chili (getrocknet)
- 70 ml Sahne
- 190 ml Orangensaft
- 1 El Orangenlikör
- Cayennepfeffer

Zeit:

Arbeitszeit: 65 Min.

Schwierigkeit:

Zubereitung

Chili kleinschneiden. Orangensaft, Cayennepfeffer und Chilistücke 11 Min. köcheln. Sahne aufköcheln, Kuvertüre darin zerschmelzen.

Orangensirup zugeben, gut verrühren, dann Orangenlikör unterrühren. Über Nacht in den Kühlschrank stellen.

Danach jeweils 1 1/2 Tl von der Masse abnehmen und zu einer Kugel formen. Im Kühlschrank 5,5 Stunden kalt stellen.

Bild gehört nicht zu, Rezept

Bild ist von https://pixabay.com/de/users/Soorelis-512893/

52. Gewürz-Pralinen

Zutaten:

für 50 Stücke:

- 140 g Zartbitter-Kuvertüre
- 65 g Zimt-Koriander-Kuvertüre
- 70 ml Schlagsahne
- 110 g weiche Butter
- 15 g Puderzucker
- 1/2 Tl Zimt
- 1/2 Tl gemahlener Koriander
- 1/2 Tl weißer Pfeffer
- 1 Msp. gemahlener Piment
- 1/2 Tl feines Meersalz

Zeit:

Arbeitszeit: 40 Min.

Nährwert

Pro Portion 40 kcal

Kohlenhydrate: 3 g

Fett: 3 g

Schwierigkeit:

Zubereitung

Zartbitter-Kuvertüre und Zimt-Koriander-Kuvertüre zerhacken und im warmen Wasserbad zerschmelzen. Schlagsahne aufköcheln und mit der Kuvertüre vermischen, abkühlen lassen. Butter mit Puderzucker sehr schaumig aufschlagen. Butter mit Kuvertüre Mischung vermischen.

Schokoladencreme mit Zimt, Koriander, weißem Pfeffer, Piment und Meersalz vermischen. Boden einer rechteckigen Form mit hohem Rand mit Backpapier belegen. Mit Creme 1 1/2-2 cm hoch befüllen und verstreichen. Abgedeckt 8 Stunden kalt stellen. Aus der Form rauslösen und in 50 Rechtecke à 4x1 1/2 cm zerschneiden.

Bild gehört nicht zu diesem Rezept

Bild ist von https://pixabay.com/de/users/Myriams-Fotos-1627417/

53. Ingwer- Pistazien-Marzipan

Zutaten:

für 40 Portionen

- 160 g Pistazienkerne
- 110 g geschälte Mandelkerne
- 60 g kandierter Ingwer
- 1 El Rum
- 2,5 El Rohrzuckersirup
- 55 g Puderzucker
- 60 g Zartbitter-Kuvertüre

Zeit:

Arbeitszeit: 80 Min.

Schwierigkeit:

Nährwert

Pro Portion 53 kcal

Kohlenhydrate: 3 g

Eiweiß: 1 g

Fett: 3 g

Zubereitung:

20 Pistazien zur Seite legen. Übrige Pistazien, Mandeln und Ingwer zerhacken. In eine Schüssel füllen und mit Rum, Sirup und Puderzucker zu einem geschmeidigen Teig verarbeiten.

Masse zu Rollen von je 1,5 cm Ø rollen. Rollen in je 1,5 cm große Stücke zerschneiden. Stücke zu Quadraten schneiden.

Kuvertüre zerhacken und im warmen Wasserbad schmelzen. Marzipanwürfel zu einem Viertel in die Kuvertüre eintauchen. Pralinen auf ein mit Backpapier belegtes Blech aufsetzen. Übnrige Kuvertüre in einen kleinen Spritzbeutel eingeben. Übrige Pistazien halbieren und die Pralinen mit Kuvertüre und Pistazien garnieren.

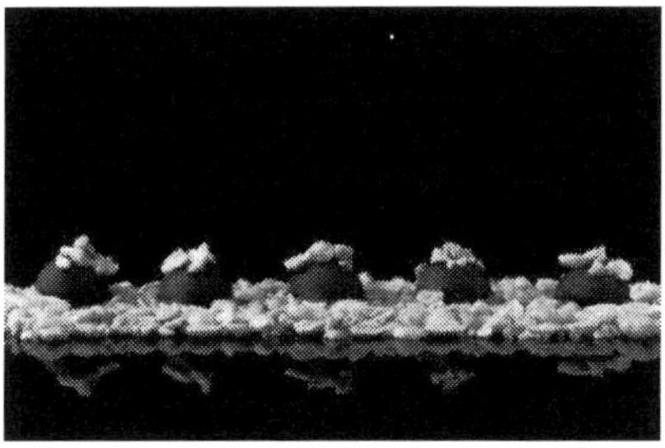

Bild gehört nicht zu diesem Rezept

Bild ist von https://pixabay.com/de/users/nickgesell-3554748/

54. Lavendel-Orangen-Trüffel

Zutaten:

- Für 50 Portionen
- 2 Bio-Orangen
- 110 ml Schlagsahne
- 410 g weiße Kuvertüre
- 2 El Orangenlikör
- 1 Tl Lavendelblüten

Zeit:

Arbeitszeit: 65 Min.

Schwierigkeit:

Nährwert

Pro Portion 53 kcal

Kohlenhydrate: 4 g

Fett: 3 g

Zubereitung:

Von den Bio-Orangen einen ca. 6 cm langen Streifen Schale schälen und zur Seite legen. 2,5Tl Schale abreiben und 110 ml Saft auspressen. Saft mit abgeriebener Schale auf die Hälfte einköcheln. Sahne in den Topf eingeben, aufköcheln und vom Herd ziehen. Kuvertüre zerhacken und in der Orangensahne zerschmelzen, die Masse mit Orangenlikör verrühren. Etwas ruhen lassen.

Mit 2 Teelöffeln Trüffel aus der Masse stechen, sofort in Papierförmchen füllen.

Orangenschalenstreifen und Lavendelblüten zerhacken und über die noch cremigen Pralinen aufstreuen. 3 Stunden kalt stellen.

Bild gehört nicht zu, Rezept

Bild ist von https://pixabay.com/de/users/Soorelis-512893/

55. Danziger Goldsterne

Zutaten:

für 40 Portionen

- 390 g weiße Kuvertüre
- 70 ml Schlagsahne
- 2 El Danziger Goldwasser
- 1 Lage Stern-Hohlkörper weiße Schokolade
- Goldflitter zum Verzieren

Zeit:

Arbeitszeit: 75 Min.

Schwierigkeit:

Nährwert

Pro Portion 80 kcal

Kohlenhydrate: 7 g

Eiweiß: 1 g

Fett: 5 g

<u>**Zubereitung:**</u>

155 g Kuvertüre zerhacken. Sahne aufköcheln und vom Herd ziehen. Kuvertüre hinzugeben und in der Sahne zerschmelzen. Goldwasser hinzugeben und die Masse verrühren. Bei Zimmertemperatur abkühlen.

Ganache in einen Einwegspritzbeutel eingeben und die Spitze kurz abschneiden. Die Hohlkörper mit der Ganache bis knapp unter den Rand befüllen und 95 Minuten kühlstellen.

Restliche Kuvertüre zerhacken, im warmen Wasserbad zerschmelzen.

4 El Kuvertüre in einen Spritzbeutel füllen und die Einfülllöcher der Hohlkörper zuspritzen. Wenn die Kuvertüre fest ist, Sterne nacheinander in die Kuvertüre eintauchen, auf ein Kuchengitter geben und fest werden lassen, dann mit Goldflitter verzieren.

Bild gehört nicht zu, Rezept

Bild ist von https://pixabay.com/de/users/OpenClipart-Vectors-30363/

56. Kaffeetrüffel

Zutaten:

für 63 Portionen

- 610 g Vollmilchkuvertüre
- 1 Tl Kaffeebohnen
- 160 ml Schlagsahne
- 1 Lage Trüffel-Hohlkugeln Vollmilch
- 1 Tl Instant-Espressopulver
- 1 Tl Kakaopulver

Zeit:

Arbeitszeit: 105 Min.

Schwierigkeit:

Nährwert:

Pro Portion 77 kcal

Kohlenhydrate: 7 g

Fett: 5 g

Zubereitung:

Für die „Ganache“ 310 g Kuvertüre zerhacken. Kaffeebohnen mörsern und mit der Sahne aufkochen und vom Herd nehmen. Kuvertüre hinzu geben, darin schmelzen lassen und glatt verrühren. Die Masse bei Zimmertemperatur ca. 40 Minuten abkühlen.

Die kalte „Ganache“ in einen Einwegspritzbeutel geben und eine kleine Spitze abschneiden. Die Hohlkugeln mit der Masse bis knapp unter den Rand befüllen und für 2 Stunden in den Kühlschrank stellen.

Die übrige Kuvertüre zerhacken und 3/4 im heißen Wasserbad in einer Schale schmelzen lassen.

4 El Kuvertüre in einen zweiten Spritzbeutel geben und die Einfülllöcher der Hohlkugeln damit versiegeln. Sobald die Kuvertüre fest ist, die Pralinen nacheinander in die Schale mit der Kuvertüre Kuvertüre eintauchen, dabei überschüssige Kuvertüre am Gefäßrand abstreifen und die Pralinen auf einem Kuchengitter erkalten lassen. Espressopulver mit dem Kakao vermischen und die Trüffel damit einstäuben. Die Trüffel in Manschetten oder zwischen Pergamentpapier kühl und trocken lagern.

Bild gehört nicht zu diesem Rezept

Bild ist von https://pixabay.com/de/users/HOerwin56-2108907/

57. Trüffel mit Muskat und Zimt

Zutaten:

- 6 Zimtblüten
- 2 Muskatblüten
- 780 g Bitter-Kuvertüre
- 440 ml Schlagsahne
- 4 El Marc de Champagne
- 2 Lagen Zartbitter-Trüffelhohlkugeln

Zeit:

Arbeitszeit: 130 Min.

plus Kühlzeiten

Nährwert

59 kcal

Kohlenhydrate: 5 g

Fett: 4 g

Schwierigkeit:

Zubereitung:

Gewürze sehr fein mörsern. 240 g Kuvertüre hacken und im heißen Wasserbad schmelzen. Sahne kurz aufkochen und leicht abkühlen lassen. Sahne zur Kuvertüre geben und sorgfältig vermischen. Gewürzen und Marc de Champagne hinzugeben. Die Masse leicht abkühlen, aber nicht ganz fest werden lassen. In einen Einwegspritzbeutel geben und die Masse bis zum Rand in die Hohlkugeln füllen. Für 1 Stunde in den Kühlschrank stellen.

Zum Verschließen der Pralinen 150 g Kuvertüre ebenso im Wasserbad schmelzen, dann in einen Einwegspritzbeutel füllen und die obere Öffnung der Hohlkugeln damit verschließen. Für 30 Minuten in den Kühlschrank stellen.

Die restliche Kuvertüre zerhacken und im heißen Wasserbad schmelzen. Pralinen mit einer Pralinengabel nacheinander in die Kuvertüre eintauchen, am Schalenrand abstreifen und auf ein Kuchengitter legen. Kuvertüre kurz anziehen lassen und mit der Pralinengabel zu Trüffeln dekorieren.

Muskat-Zimt-Trüffel trocknen und vollständig fest werden lassen. In einer Metalldose trocken und kühl lagern. Haltbarkeit ca. 2 Wochen.

58. Knusprige Pralinen

Zutaten:

Für 25 Stück

Grundmasse

- 210 g Zartbitterkuvertüre (60 % Kakao)
- 110 ml Schlagsahne

Füllung

- 25 Haselnusskerne
- 50 g Waffelröllchen (oder Eiswaffeln)

Zeit:

Arbeitszeit: 65 Min.

Schwierigkeit:

Nährwert:

56 kcal

Kohlenhydrate: 6 g

Eiweiß: 1 g

Fett: 3 g

Zubereitung:

Für die Grundmasse Zartbitterkuvertüre fein zerhacken. Schlagsahne aufköcheln, vom Herd stellen, die Kuvertüre einrühren, bis sie sich ganz aufgelöst hat. Grundmasse in den Kühlschrank stellen.

Die Haselnusskerne im vorgeheizten Ofen bei 200 Grad (Umluft 180 Grad) auf der 2. Einschubleiste von unten ca. 10 Min. rösten. In ein Geschirrtuch geben und die braune Haut abreiben und die Nüsse ca. 20 Minuten abkühlen lassen. Wenn die Masse fest ist, je 1 Tl Masse abstechen. Je 1 Nuss mit der Masse umhüllen und in den Handflächen zur Pralinen formen. Waffelröllchen (oder Eiswaffeln) fein in einer Backschüssel zerstoßen und die Kugeln darin komplett wälzen.

Bild gehört nicht zu diesem Rezept

Bild ist von https://pixabay.com/de/users/Sponchia-443272/

59. Mozartkugeln

Zutaten:

für 18 Portionen

Schokoladenteig:

- 80 g Zartbitter-Kuvertüre
- 80 g Butter (weich)
- 50 g Zucker
- 2 Eier (Kl. M)
- 50 g Mehl
- 50 g gemahlene Mandeln
- 1/2 Päckchen Backpulver
- Fett und Mehl für die Backform

Schokoladencreme:

- 100 g Zartbitter-Kuvertüre
- 100 ml Schlagsahne
- 100 g Butter (weich)
- 40-50 ml braunen Rum

Umhüllung:

- 400 g Marzipanrohmasse
- 4 El Puderzucker
- 150 g Zartbitter-Kuvertüre
- 2 El fein gehackte Pistazien

Zeit:

Arbeitszeit: 125 Min.

Kühlzeiten

Schwierigkeit:

Nährwert

Pro Portion 359 kcal

Kohlenhydrate: 23 g

Eiweiß: 5 g

Fett: 26 g

Zubereitung:

Für den Schokoladenteig die Kuvertüre grob zerhacken und im heißen Wasserbad schmelzen. Butter, Kuvertüre und Zucker mit dem Mixer schaumig schlagen und die Eier nacheinander untermengen. Mehl, Mandeln und Backpulver vermischen und mit einem Hand-Schneebesen vorsichtig unter die Buttermasse heben. Eine Kastenform mit Fett bepinseln und mit Mehl einstäuben. Teig einfüllen, verstreichen und im vorgeheizten Ofen bei 180 Grad auf der mittleren Einschubleiste 32 Minuten backen. Aus dem Ofen herausnehmen, auf einem Kuchengitter auskühlen lassen.

Kuvertüre zerhacken. Sahne kurz aufköcheln, Topf von der Kochstelle nehmen. Kuvertüre in der Sahne zerschmelzen, abkühlen lassen. Butter mit Schoko-Sahne -6 Minuten schaumig aufschlagen.

Schokoladenkuchen zerkrümeln. Rum und Schokoladencreme unter die Brösel einrühren, zudecken und 45 Minuten kalt stellen. Mit einem Esslöffel 18 Häufchen abteilen, zu Kugeln formen und 35 Minuten kalt stellen.

Marzipan verkneten. Portionsweise auf einer mit Puderzucker bestäubten Fläche ca. 3 mm dick ausrollen und 18 Kreise (8 cm Ø) herausstechen. Schokokugeln mit dem Marzipan einhüllen.

Kuvertüre zerhacken und im warmen Wasserbad schmelzen. 3 El Kuvertüre in die Handfläche geben, eine Marzipankugel darin rollen und auf Backpapier aufsetzen. Usw. Mozartkugeln mit Pistazien einstreuen. Mozartkugeln gekühlt aufbewahren, ca. 1 Woche haltbar.

60 Sacher-Herzen

Zutaten:

Für 76 Portionen

Teig

- 210 g Mehl
- 20 g Kakaopulver
- 160 g Mandeln, gemahlen
- 130 g Puderzucker
- 1 Vanilleschote, Mark
- Salz
- 2 Eigelb (M)
- 2 Tl Rum
- 180 g Butter

Marzipanschicht

- 210 g Aprikosenkonfitüre
- 1 Bio-Orange, abgeriebene Schale
- 2 El Orangensaft
- 310 g Marzipanrohmasse
- 150 g Puderzucker

Glasur

- 130 ml Schlagsahne
- 60 g Honig
- 40 g Butter
- 160 g Halbbitter-Kuvertüre

Dekoration

- 110 g Vollmilch-Kuvertüre
- 110 g weiße Kuvertüre
- 1 Tl Kakaopulver

Zeit:

Arbeitszeit: 120 Min.

plus Kühlzeiten

Schwierigkeit:

Nährwert

Pro Portion 113 kcal

Kohlenhydrate: 13 g

Eiweiß: 2 g

Fett: 6 g

Zubereitung:

Mehl und Kakao in eine Backschüssel einsieben. Mandeln, Puderzucker, Vanillemark, 1 Prise Salz, Eigelb, Rum und Fett in Flöckchen hinzugeben und alles zu einem geschmeidigen Teig vermischen. In Folie gewickelt 1 Stunde kühlen.

Teig auf einer bemehlten Fläche portionsweise ca. 1/2 cm dick ausrollen. Herzen von ca. 5,5 cm Länge ausstechen und auf mit Backpapier belegte Bleche aufsetzen. Im heißen Backofen bei 160 Grad auf der 2. Einschubleiste von unten 13 Minuten backen. Auf einem Gitter auskühlen lassen.

Aprikosenkonfitüre, Orangenschale und -saft 1 Minute offen köcheln. Dann sieben. Marzipan und Puderzucker zu einer geschmeidigen Masse kneten. Zwischen zwei Lagen Backpapier dünn ausrollen, Herzen herausstechen.

Herzen mit der Aprikosenkonfitüre einstreichen, Marzipanherzen auflegen, trocknen lassen.

Sahne, Honig und Fett aufköcheln. Halbbitter-Kuvertüre zerhacken, zugeben und bei ausgeschalteter Temperatur auflösen. Herzen in die Glasur eintauchen, abtropfen und auf einem Kuchengitter trocknen lassen.

Vollmilch-Kuvertüre und weiße Kuvertüre zerhacken, getrennt in einem heißen Wasserbad schmelzen. In Pergamenttüten einfüllen, jeweils eine kleine Ecke abschneiden und die Herzen damit dekorieren. Trocknen lassen.

61. Gekrönte Mandelnougat- und –krokant-Pralinen

Zutaten:

für 50 Stücke

- 110 g Mandeln (gehackt)
- 110 g Zucker
- 2 El Butterschmalz
- 260 g Mandelnougat
- 2 Vollmilch-Kuvertüre
- 60 Mandeln
- 110 g Zucker
- Ahornsirup (oder Honig)

Zeit:

Arbeitszeit: 185 Min.

Schwierigkeit:

Zubereitung:

Mandelkrokant: Mandeln mit 1 El Butterschmalz in der Pfanne rösten. Mandeln auf einen Teller geben und auskühlen lassen. 1 El Butterschmalz in die noch heiße Pfanne füllen, 110 g Zucker zugeben und karamellisieren. Geröstete Mandeln zufügen.

Mandelkrokantmasse sofort auf eine gefettetes Backblech füllen und mit einem gefetteten Nudelholz zu einer 0,5 starken Platte rollen. Den heißen Krokant mit einem scharfen Messer zurechtschneiden und auskühlen lassen.

Mandelnougat in ca. 0,5 cm starke Scheiben zerschneiden, dann passend zu den Krokantplättchen zerschneiden. Krokantplättchen dünn mit der geschmolzenen Vollmilchkuvertüre einstreichen und eine Scheibe Mandelnougat auflegen.

Krokant-Nougatpraline in Vollmilchkuvertüre tauchen und auf einem Gitter abkühlen lassen. Pralinen in Pralinenkapseln einsetzen und kühl lagern.

Zuckermandeln: Mandeln überbrühen und die Haut abziehen. Im Backofen bei ca. 180° auf einem Backblech anrösten. Dann Mandeln in Ahornsirup oder Honig ein tauchen und sofort in Zucker wälzen.

62. Pralinen nach amerikanischer Art

Zutaten:

für 40 Stücke

- 30 g Kokosfett
- 310 g Vollmilchschokolade
- 210 g Zartbitterschokolade
- 210 g Cornflakes

Zeit:

Arbeitszeit: 12 Min.

Schwierigkeit:

Zubereitung:

Kokosfett und Schokolade im Wasserbad zerschmelzen und verrühren. Cornflakes in die Schokoladenmasse einrühren, mit 2 Teelöffeln Häufchen auf Alufolie aufsetzen und im Kühlschrank anziehen lassen.

63. Trüffel mit Minze

Zutaten:

- 260 g Halbbitter-Kuvertüre
- 210 g Vollmilch-Kuvertüre
- 210 ml Schlagsahne
- 100 g Butter
- 4 Tl Pfefferminzpaste
- Glasur:
- 310 g weiße Kuvertüre
- 25 g Kokosfett
- 2 Tl Pfefferminzpaste
- 35 g Puderzucker

Zeit:

Arbeitszeit: 95 Min.

Schwierigkeit:

Nährwert:

125 kcal

Kohlenhydrate: 11 g

Eiweiß: 1 g

Fett: 8 g

Zubereitung:

Beide Kuvertüre Sorten zerhacken und im heißen Wasserbad schmelzen. Sahne aufkochen und mit der Kuvertüre vermischen. Etwas abkühlen, aber nicht fest werden lassen. Butter und Minzpaste mit dem Schneebesen 4 Minuten schaumig rühren. Mit der Kuvertüre-Mischung vermengen. Für 2 Stunden in den Kühlschrank stellen. In einen Spritzbeutel mit Lochtülle Nr. 11 einfüllen, auf 2 mit Backpapier belegte Bleche ca. 45 gleichgroße Tupfen spritzen. 20 Minuten kalt stellen, dann mit den Händen zu Kugeln formen. 30 Minuten erneut in den Kühlschrank stellen.

Für die Glasur Weiße Kuvertüre zerhacken und im heißen Wasserbad zusammen mit dem Kokosfett einschmelzen. Minzpaste unterrühren. Glasur leicht abkühlen, aber nicht allzu fest werden lassen. Die Trüffel mit einer Gabel in die Glasur tauchen, am Tellerrand abstreifen und abtropfen lassen. Auf ein mit Backpapier ausgelegtes Blech legen und fest werden lassen. Dann im Puderzucker komplett wälzen. Glasur fest werden lassen. Die Trüffel zum Schluss mit Backpapier in eine Keksdose legen. Kühl und trocken aufbewahren.

64. Schoko-Trüffel mit Likör

Zutaten:

Füllung

- 175 g weiße Kuvertüre
- 200 ml Schlagsahne
- 3,5-4 El Whisky-Sahne-Likör
- 1 Lage Halbbitter-Pralinenhohlkugeln
- 115 g Halbbitter-Kuvertüre
- 155 g Vollmilch-Kuvertüre
- 1,5-2 El brauner Rum
- 4 El Kaffeelikör

Zum Überziehen:

- 300 g Halbbitter-Kuvertüre
- 25 g Instant-Espressopulver

Zeit:

Arbeitszeit: 90 Min.

plus Kühlzeiten

Schwierigkeit:

Nährwert:

82 kcal

Kohlenhydrate: 9 g

Eiweiß: 1 g

Fett: 4 g

Zubereitung:

Weiße Kuvertüre grob zerhacken und im heißen Wasserbad schmelzen. 100 ml Sahne aufköcheln, mit der Kuvertüre verrühren und auf Zimmertemperatur wieder abkühlen lassen. Mit Whiskylikör vermischen. In einen Spritzbeutel mit Lochtülle Nr. 1 füllen und nur bis zur Hälfte in die Hohlkugeln spritzen. Mindestens für 2 Stunden in den Kühlschrank stellen, bis die Füllung leicht fest geworden ist.

30 g Halbbitter-Kuvertüre und Vollmilch-Kuvertüre zerhacken und zusammen im heißen Wasserbad schmelzen. Übrige Sahne aufköcheln, mit der Kuvertüre vermengen und auf Zimmertemperatur abkühlen lassen. Rum und Kaffeelikör zugeben. Einen Spritzbeutel mit Lochtülle Nr. 1 befüllen und min bis kurz unter den Rand in die halbvollen Kugeln spritzen. Mindestens für 3 Stunden in den Kühlschrank stellen, bisdie Füllung leicht fest geworden ist. Restliche Halbbitter-Kuvertüre zerhacken und im heißen Wasserbad schmelzen. Leicht abkühlen lassen. In einen Einwegspritzbeutel füllen und die Öffnungen nun damit verschließen.

Zum Überziehen die Halbbitter-Kuvertüre grob zerhacken, in einer Schüssel (möglichst aus Edelstahl) im warmen Wasserbad bei ca. 34 Grad schmelzen. Tipp: Die Temperatur ist korrekt, wenn die Kuvertüre nach 1 Minute wieder fest wird und glänzt. Flüssige Kuvertüre aus dem Wasserbad nehmen, verrühren und noch mal abkühlen lassen, bis sie fast erstarrt ist. Dann im warmen Wasserbad wieder auf etwa mehr als 34 Grad erhitzen. Espressopulver in eine kleine Schale geben.

Trüffel nacheinander mit einer Pralinengabel in die Kuvertüre eintauchen und am Gefäßrand abstreifen. Dann auf ein Kuchengitter legen. Die Kuvertüre einige Minuten leicht anziehen lassen. Die Trüffel im Espressopulver wälzen und auf ein mit Backpapier belegtes Blech ablegen. Vollständig abkühlen lassen. In mit Backpapier ausgelegten Keksdosen schichten. Kühl und trocken aufbewahren. Ca. 2 Wochen haltbar.

65. Cappuccino-Trüffel

Zutaten:

für 65 Portionen

- 860 g Halbbitter-Kuvertüre
- 310 ml Schlagsahne
- 60 g Cappuccino-Paste
- 1 Lage Hohlkugeln, aus Vollmilch
- 410 g Zucker, extra fein
- 3 El Kakaopulver

Zeit:

Arbeitszeit: 125 Min.

plus Kühlzeit

Schwierigkeit:

Nährwert

Pro Portion 109 kcal

Kohlenhydrate: 18 g

Eiweiß: 2 g

Fett: 3 g

Zubereitung:

360 g Kuvertüre zerhacken und im heißen Wasserbad zerschmelzen. Sahne aufköcheln lassen. Kuvertüre, Sahne und Cappuccino-Paste vermischen und auf 20 Grad abkühlen. In einen Spritzbeutel mit Lochtülle Nr. 4 einfüllen und bis knapp unter den Rand in die Hohlkugeln einspritzen. Über Nacht kühlen.

100 g Halbbitter-Kuvertüre zerhacken, im heißen Wasserbad zerschmelzen, abkühlen lassen und in einen Spritzbeutel einfüllen. Hohlkugeln mit wenig Kuvertüre verschließen.

Zucker und Kakaopulver vermischen. Übrige Halbbitter-Kuvertüre erwärmen. Die Hohlkugeln einzeln in die Kuvertüre eintauchen, auf ein Pralinengitter auflegen. Kuvertüre 4 Minuten trocknen lassen. Dann die Kugeln nacheinander in die Zucker-Kakao-Mischung geben, auf ein mit Backpapier ausgelegtes Blech setzen und 2 Stunden abkühlen. Trüffel in Blechdosen kühl lagern. Sie halten sich fast 3 Wochen.

66. Milchreis-Kokos-Trüffel

Zutaten:

Für 25 Stücke

160 g Milchreis

500 ml ungesüßte Kokosmilch

80 g Zucker

2 El Kokoslikör

2 Flaschen Glasur feinherb

55 g Kokosraspeln

Zeit:

Arbeitszeit: 1 Min.

Schwierigkeit:

Zubereitung:

Reis mit Kokosmilch und Zucker köcheln. Vom Herd ziehen, Milchreis mit Kokoslikör mischen. Abkühlen lassen.

Milchreis mit feuchten Händen zu walnussgroßen Kugeln formen.

Glasur erwärmen und in eine Schüssel einfüllen. Reisbällchen in die Glasur eintunken, , abtropfen lassen und auf ein Pralinengitter aufsetzen. Beginnt die Glasur anzuziehen, Kugeln mit einer Gabel über das Gitter rollen.

Trüffel in Kokosraspeln wälzen.

66 a.
Marzipankartoffeln

Zutaten:

Für 30 Portionen

- 3 El Kakaopulver
- 1,5 Tl gemahlener Zimt
- 1 Tl gemahlener Ingwer
- 300 g Marzipanrohmasse

Zeit:

Arbeitszeit: 20 Min.

Nährwert

Pro Portion 53 kcal

Kohlenhydrate: 4 g

Eiweiß: 1 g

Fett: 3 g

Schwierigkeit:

Zubereitung:

Kakaopulver, Zimt und Ingwer vermischen und in einen tiefen Teller geben.

Marzipanrohmasse dritteln. Aus jedem Drittel 2 cm dicke Rollen formen, dann in 1 1/2 cm dicke Scheibchen zerschneiden. Aus den Scheibchen Kugeln formen, in der Kakaomischung wälzen.

Marzipankartoffeln in Blechdosen einschichten. Kühl und trocken lagern.

Ca. 2 Wochen haltbar.

Abkürzungen:

G	Gramm
TL	Teelöffel
Ml	Milliliter
EL	Esslöffel(Suppenlöffel)
L	Liter
evtl.	eventuell
n. B.	nicht Benannt
Msp.	Messerspitze
Pck.	Packung
gestr.	gestrichen
gr.	groß
Ggf.	gegebenenfalls
TK	Tiefkühlt
Kl	klein
M	Mittel Groß
kcal	Kilokalorie
	Einfache Zubereitung
	Mittelschwere Zubereitung
	Schwere

Quellen:

1. Eigene Versuche
2. Versuche von Familie und Freunde
3. http://www.lecker.de/
4. http://www.essen-und-trinken.de
5. Bilder wurden ausschließlich von https://pixabay.com/de verwendet.

Wie waren die Informationen?

Solltest Du Gefallen an meinem Buch gefunden haben, wäre ich Dir sehr dankbar für Deine Bewertung. Um eine Bewertung zu hinterlassen,

klicke einfach hier ⇨ https://amzn.to/2Kjx4IQ

und bewerte das Buch mit einigen kurzen Sätzen.

Das dauert nicht länger als 2 Minuten.

Schreibe, was Dir ganz besonders gut gefallen hat und natürlich auch (konstruktiv), solltest Du etwas vermisst haben. Ich lese wirklich jede Bewertung und jedes persönliche Feedback (*info@rdw-traders-club.de*). Das hilft mir dabei, meine Bücher stetig zu verbessern und den persönlichen Kontakt mit meinen Lesern zu intensivieren.

Auf meiner Facebook Seite, in unserer geschlossenen Gruppe, lade ich Sie gerne ein das wir verschieden aktuelle Erlebnisse Diskutieren können und jeder für sich bewerten kann.

Weil meist gibt es nicht nur eine Wahrheit.
https://www.facebook.com/m.rockit/

Besuche mich auf Homepage:

http://www.rdw-traders-club.de/BUeCHER-VON-RDW

Wenn Du über Aktion und Angebote informiert werden möchtest,
Trage Dich bei unserem Newsletter-dienst ein, versprochen kein Spam.

http://www.rdw-traders-club.de/epages/80159646.sf/de_DE/?ObjectPath=/Shops/80159646&ViewAction=ViewNewsletterVielen herzlichen

Dank für Deine Unterstützung.

M. Rockit

Rechtliches

Für Fragen und Anregungen:

info@rdw-traders-club.de

BUCHTITEL

PRALINEN UND KONFEKT REZEPTE

Ich Will - Die Magie von Pralinen und Konfekt

Aus der Serie **66 Rezepte zum Verlieben, Teil 17**

Auflage,1 JAHR 2017

Herausgeber dieses Buches ist

VERLAG: Rock die Wellen Traders Club

ADRESSE: An der Brenzbahn 6

PLZ, 89073 **ORT**, ULM

Ansprechpartner Rose, Marcus

Steueridentifikation: USt-IdNr.: DE306394148

Lektorat & Korrektorat: RDW – Traders CLUB

Cover: **Germancreative (https://www.fiverr.com/germancreative)**

ISBN: 978-1973472919

Druckerei: Amazon Media EU S.à r.l., 5 Rue Plaetis, L-2338, Luxembourg

Mein Facebook Seite

https://www.facebook.com/m.rockit/

Bücher Tipp

Hier geht's zu dem Buch Salat Rezepte

Hier geht's zu dem Buch Smoothie Rezepte

Hier geht es zu den Cocktail Rezepten

Hier geht's zum Buch Party Rezepte

Printed in Poland
by Amazon Fulfillment
Poland Sp. z o.o., Wrocław

65797756R00099